U0275053

[日] 干场弓子 **著**

陈亦苓 **译**

快乐工作的真相
干出意义来

清華大学出版社

北 京

内 容 简 介

工作与快乐能够兼得吗？如果可以，又该怎么做呢？作者通过重构问题框架，阐述了关于工作与快乐的十个真相，揭示了如何基于专精和长期主义来发挥个人的优势，从兴趣爱好的角度创造和重新定义让人内啡肽飙升的工作。

北京市版权局著作权合同登记号　图字：01-2022-1332

楽しくなければ仕事じゃない（干場弓子）
TANOSHIKUNAKEREBA SHIGOTOJYANAI
Copyright © 2019 by Yumiko Hoshiba
Original Japanese edition published by TOYO KEIZAI INC., Tokyo, Japan
Simplified Chinese edition published by arrangement with Yumiko Hoshiba, through
Japan Creative Agency Inc., Tokyo.
本书简体中文译本由精诚资讯股份有限公司授权使用。

图书在版编目(CIP)数据

快乐工作的真相：干出意义来/(日)干场弓子著；陈亦苓译. —北京：清华大学出版社，2022.9
ISBN 978-7-302-60686-4

Ⅰ.①快…　Ⅱ.①干…　②陈…　Ⅲ.①工作方法—通俗读物　Ⅳ.①B026-49

中国版本图书馆 CIP 数据核字(2022)第 069363 号

责任编辑：文开琪
封面设计：李　坤
责任校对：周剑云
责任印制：宋　林
出版发行：清华大学出版社
　　　　　网　　址：http://www.tup.com.cn, http://www.wqbook.com
　　　　　地　　址：北京清华大学学研大厦 A 座　　邮　　编：100084
　　　　　社 总 机：010-83470000　　　　　　　　邮　　购：010-62786544
　　　　　投稿与读者服务：010-62776969, c-service@tup.tsinghua.edu.cn
　　　　　质量反馈：010-62772015, zhiliang@tup.tsinghua.edu.cn
　　　　　课件下载：http://www.tup.com.cn, 010-62791865
印 装 者：小森印刷霸州有限公司
经　　销：全国新华书店
开　　本：148mm×210mm　印　张：6.875　字　数：180 千字
　　　　　（附赠涂色减压练习簿）
版　　次：2022 年 11 月第 1 版　　　　印　　次：2022 年 11 月第 1 次印刷
定　　价：59.80 元

产品编号：093479-01

推荐序 1
爱了，爱了，真的

李龙乔

开琪邀请我给这本书写推荐序，可能是因为她看到我工作的状态很快乐。说到这点，我就不谦虚了，我可真是个超级幸运的人！我大概遇到过上百个人这样问我："您怎么能够一直保持着工作激情？"我心里偷着乐，但脸上依然一本正经、端着淑女的架子告诉对方："我真的、真的很喜欢我的工作。"然后，对方一脸羡慕地说："您多好呀，有自己喜欢的工作，而且还能做得这么好。"然后，我的淑女模样就会露出原形："命好，命好，真是没办法。"

待我翻开这本书，读上一个小时之后，便开始激动地给开琪发微信："感谢您让我给这本书写推荐序。我在这本书里看到了太多自己的影子，我要来写写这个主题！"当然啦，我未必写得出这么"好看"的书，不过我总算是弄明白了自己为什么能如此幸运地找到自己喜欢的工作。读着干场女士的文字，我自己走过的路历历在目。我歪打正着地走了十年，实现了快乐工作的状态。如果您有幸读到这本书，那您根本不需要十年，快乐工作的旅程马上就可以开始！

更可喜的是，这本书读起来很顺畅，您完全可以用一个下午的时间一口气读完。作者用朴实有趣的语言拆解了职场中的十大高频热词，比如"职业生涯规划"，职场人必须人人都得有吧？肯定做过吧？"效率""以兴趣为工作""实现梦想""工作与生活的平衡"，不陌生吧？职场人天经地义的追求吧？然而，且慢！如果这些可以带给我们幸福，为什么却让我们在追寻的过程中越来越丧气，越来越绝望？这不，很多人就开始怀疑人生："这些理想国的东西真的是我们凡人可以够得着的吗？"作者似乎跟我们想的一样，她把这些词列为"造成年轻人不幸的诱因"。这就有趣了，假如这些闪闪发光的热词都能造成年轻人的不幸，那到底如何才能快乐地工作？快乐工作的真相到底是什么？

先说说我最喜欢的主题"兴趣等于工作"（呃，我最喜欢的还有第 6 章、第 7 章、第 2 章、第 1 章……嗯，好像是全部呢）。如何才能以兴趣为工作？用作者的观点看，如果您一开始就琢磨着以兴趣为工作，那就悲催了，因为一开始根本没有喜好可言。假如您很痛恨自己的工作（我认为痛恨一个工作跟个人的天赋有关，更准确地说是跟个人的弱项有关。比如我，我的数学是语文老师教的，要我这样的人去搞六西格玛质量管理，简直就是一种折磨），就赶紧放弃，俗话不是说"早什么早什么吗"？但是，如果您对当前的工作没有那么厌恶，只是谈不上热爱，没那么大劲头儿，那么（请用足球赛解说员的语气），机会来了！快乐工作的机会来了！这听上去似乎没有什么逻辑，但接下来您看作者对其中被曲解的定义——进行拆解，并耐心地告诉您如何做才是可能的正解。然后，相信您也会像我一样点着头说："嗯，确实是这样的呢！"

当然，现在的职场，没有什么标准的正解，能够达成绩效指标的都是好的解。瞧，这也是我喜欢她这本书的原因。目标导向是当下对一切事物最流行的评估指标，由此也造成了一个令人非常担忧的现象，那就是短视。学习和经验的积累太过漫长，当下的付出得不到马上的回报，那么成效比（Cost-Performance Ratio，CPR）低的事，就不会去做了。作者在每一个概念上，都加上了一个时间轴，能够帮助我们更准确地理解这些似是而非的概念背后的真相，从而正确地选择当下的行为。职场中盛行"内卷"，真该来看看我们是怎么卷起来的，然后再来跟着作者一起思考一下，我们怎么从"内卷"中抽身出来——这不也正是当下职场中每个年轻人想要探究的吗？

我不知道您在读这本书的时候会想起谁，我在读的时候，脑海里浮现的是徐峥导演的电影《爱情神话》中那个修鞋匠。这位修鞋匠，给别人修了一辈子的鞋，一看到鞋子，便能分辨出主人的生活格调。他每天有自己的咖啡时间，即便是吃铝饭盒里的便当，都要用上餐叉，真的是调性满满；他能一眼认出杰米周（Jimmy Choo）的鞋，还会用英文聊艺术，聊女人。您能从他的工作中看出快乐吗？说实话，我能。可是您说，为什么一名修鞋匠能如此快乐、幸福地工作，而我们却不能？我们如何才能把一份自己无感（我说的是无感哈，不是痛恨）的工作也做出幸福感、快乐感？我惊讶地看到作者为此抛出了下面这个公式：

$$E = MC^2$$

对，您没看错，是不是和爱因斯坦的那个大发现很像？而她对这个公式的解读，我简直是不能同意更多！

不过，您可千万别和我一样，一看到公式就头大，觉得玄虚。这本书呢，其实没有什么大道理，也没有高高在上的指导，甚至在某些人看来，还有些碎碎念的嫌疑。但是，只要您翻开书本，就能觉得像是在和一位智慧的长者促膝谈心，听她轻言细语，娓娓道来关于快乐工作的真谛。您仿佛能看到她脸上谦和而真诚的笑容。如果您真的能静下心来迎着她的目光，体会她的字里行间，您会发现，快乐工作，唾手可得。

我还特别想表扬这本书的译者，全文的翻译非常顺溜，中文功底相当深厚，很多可圈可点的表达，比如"拽个二五八万总招人嫌的人"，我不知道日语原文是怎么写的，但您有没有觉得这话儿真的是译得超级有画面感?

合上书，我感慨于作者的洞察力和总结能力。我知道，她所说的每一句话都是她个人几十年的实践心得。所以，您，假如我们曾经有幸见过，假如我蒙幸被您问过为什么我总是那么快乐地工作，那么除了告诉您："命好呗，没办法。"我还会告诉您："读了这本书，您就知道答案了。"

推荐序 2

人生的乐趣，在于……

徐毅

说起来，我和这本书真的是有缘分，作者干场女士与我的母亲同岁，生日又比我早一天。

更重要的是，这本书通读下来，于我心有戚戚然。温暖而率性，直白而又诙谐，读着这些白纸上的黑字，脑海中却浮现出一副可爱俏皮的女性面孔，她就像是您职涯中的玩伴，和您调侃打闹，"这样又如何呢？" "试试又何妨？"如此总总，让我不禁想起了金庸小说中的老顽童周伯通。在狼性文化和躺平呼声甚嚣尘上的时代，能够读到这样一本书，是我们的幸事。

读这本书的过程，就像是在和作者进行一场愉快的对话，几乎句句都能引起内心深处无比强烈的共鸣。我原本对引进的日文翻译版图书有些抗拒，毕竟以前读过不少，都是用大白话来讲清楚一个小道理的模式，显得有些啰嗦。然而，干场女士在书中娓娓道来的 40 多条感悟，不但丝毫不觉得零碎，反倒有满满的场面感，仿佛看到一个个短片在这本小小的书中连续上演。

第一篇就引起了我的注意。"人生不会按照规划走，所以才有趣！"于我，除了坚定地向着初中时代立下的"要成为比尔·盖茨第二"的梦想前进的规划没有变，职涯起点在超软（后来的纬创资通）想要坚持混到管理层，在诺基亚想要从测试小兵成长为测试架构师，在惠普想要成为顾问大咖，在 IBM 想要推动 40 万人进行敏捷转型，如此种种宏大的计划到最后已然化为泡影。然而，我却并没有随之融化，而是成为了现在的我，开心快乐，个人觉得小有成就。

参加体检或者体育锻炼时，会遇到要您"深呼吸"的时刻。听到这句话，您的第一反应是什么？深吸一口气，对吧，我也是这样。可是，作者说，深呼吸深呼吸，不是应该先呼、再吸吗？想想也对啊。举一反三，联想到我们职场人士的学习，一谈学习就想到要使劲地输入，脑袋先灌满，说辞也要变得多，实际上却两手空空，在工作上并没有变得更厉害，这样的学习到底目的何在呢？干场女士一针见血，指出职场人士的学习目的应该在于输出。我们 IT 行业的老前辈温伯格也说过："当我想要搞懂一件事情的时候，我就去写一本书。"我非常认同这个观点，在多次分享自己职场经验的时候，我也都提到过写作，建议大家一定要多多写作、分享，既可以由此磨练自己的表达能力，又能够通过传播找到更多志同道合的人。而且，在向外分享个人所得的时候，还会带给人一种知识在大脑或其他某处存入档案的感觉，很是神奇。

至于工作的选择，应该以兴趣为标准吗？在此之前，我都建议大家要考虑选择个人兴趣特长、天赋和市场需要的交叉点，所以我是认可要根据兴趣来进行选择的。但是，作者却一语道破了背后的真相，那就是一开始根本没有喜好可言。但同时也给出了建议，那就是不必勉强，不需要假装自己有特定的兴趣。想来也是，看着我家小姑娘练习小提琴，同时也把她老母亲折磨得够呛，内心到底有多少的喜好实在难说。

不过，从我个人来看，我在中学时代迷上足球和电脑，对它们绝对有着浓厚的兴趣。但到最后，足球也只限于业余水平，属于野球性质。当时高中要踢县级联赛，所以学校安排了老师来训练，虽然那一点点量根本算不上啥，但对我来讲很痛苦，更别说 3000 米达标这种体育特长生入选国家队的目标。我也没有同感，只是觉得这辈子不可能靠踢足球吃饭。至于电脑，当初自然是因为玩游戏，在我玩掉的钱足以买台电脑之后，父母终于给我买了台新电脑，我也兴致勃勃地认定自己未来一定要从事 IT 行业。彼时，我完全没意识到 IT 和软件有什么不同，也没有意识到玩游戏和开发游戏不同，游戏和其他软件也不同。虽然如愿考上大学，学了计算机系，但拿到课表的那一刻差点晕倒，什么计算机体系结构、什么数据库原理，枯燥乏味，完全靠死记硬背，差点儿没能坚持到毕业。到了大四，也难说自己真的喜欢这个行业，实在是觉得不知道找啥工作、自己能力适合啥行业，遇上互联网泡沫破灭的年代，感觉也没啥能挑的，学啥干啥，先活下来再说吧。反而是在后来的工作中，慢慢地对这个行业以及这份工作产生了更多的理解，找到了其中的乐趣，最后坚持了下来。作者所写的这一段，不只是几页纸几百字，是她个人，也是我自己的亲身经历，更是大部分职场人士的体会与感悟。

领导和领导力，真的是个非常热门的话题，不是突然变得很热门的那种，而是一直都很热门。领导力不是什么玄乎的东西，实际上人人都需要领导力。就连养狗也需要有领导力，感兴趣的话，可以看看西萨·米兰的视频，狗狗很多无纪律的行为其实也都缘于它们并不认可主人的领导力。对于小孩子，家长也需要有领导力。我个人比较倾向于蒙台梭利的教育理念，认为孩子是一个独立的个体，并不从属于他们的父母。他们的成长过程是体力和脑力成长的过程，而他们对父母的尊重其实也体现了父母的领导力。但另一方面，在孩子不听话的时候，我们是不是非常恼怒，觉得自己没面子？其实，工作生活都如此，领导者离不开追随者，没有好就没有坏，没有黑就没有白，没有追随者就没有领导者。所谓领导者，应该是振臂一呼，应者众。作者更是直指核心，优秀的追随者能够造就优秀的领导者。少有人能够接受得而复失。身处粉丝时代，我也曾经数着微博上仅有的几千个粉丝每天个位数的涨落。领导者为了保持领导地位，为了不减少关注，需要持续输出让人愿意继续追随的能量。而追随者的需求，也反向塑造了他们所追随的领导者。想想看，我们为了让孩子听自己的话，尤其是在我们急不可耐地想要不择手段让他们听话以便腾出时间和精力来处理手头上的第一要务时，我们就已经被孩子塑造成了连自己也讨厌的模样，个人领导力手段已受到了限制。

干场女士关于领导力的论述，让我想起以前做过的一次分享，主题是敏捷教练的成长。最后，我说，我们要敢于做"在路边鼓掌的人"。如果每个人都想要站到聚光灯下，谁又来打灯？谁又来鼓掌呢？作为敏捷教练，我们的职责是成就他人，而不能总想着站到聚光灯下。让他人登台，我们开开心心地在台下为他们鼓掌，就好了。

没想到这篇推荐序也成了碎碎念，但确实代表着我读完这本书的心境。《快乐工作的真相》这本书，不是职场前辈严厉而独到的经验分享，更像是我们学生时代宿舍熄灯后的卧谈会，在一片欢声和哄笑中散场……

前　言

首先要感谢各位选择了这本书。基于我本人的工作性质，我希望各位付出的时间与金钱能获得等价的回报。

事情是这样的，2016 年的春天，有个以前认识的学生来联系我，说他与朋友一起创业，建了一个名为"本 TO 美女①"的网站，想请我接受他们的开站首访。

不会吧，美女？瞬间，我忍不住笑得合不拢嘴。不过，在认真听了说明后，我才知道，那是个主要以求职新鲜人美女们，以及为了这些美女而来网站的其他人为目标对象，由人生的"资深"来传授经验的"大师说"专栏（笑）。

实在是觉得表现出"什么嘛！"的失望态度会让自己太丢脸，我只好一声不吭，面带微笑地接受了自己一度想要聘用的这位有为青年的请求。

他们带了三个主题来问我，分别是"职业生涯规划""模范"以及"工作与生活的平衡"，希望我能针对他们这些即将踏入社会的职场新人，提出"到底该怎么做才好"的具体建议。

我不由得暗自窃笑，心想："你们这是飞蛾扑火吧。这些不都是平常被我列为'造成年轻人的不幸'的玩意儿吗？！"

此话怎讲？其实，就如本书内文所写的，只不过那篇访谈是放在网络上的，所以"畅所欲言"的程度远远高于本书；虽

---

① 译注：字面意义为"书与美女"，日文谐音之意则为"真正美女"。

然是放在新创立的网站上，但不知怎么的，就这样传开了，甚至还登上了雅虎的头条。

后来，在面对面的会谈中，就开始有人以"虽说干场女士很讨厌职业生涯规划这样的字眼……"之类的话作为开场白。但，这不就证实了"有很多人在潜意识中，都跟我一样觉得有些莫名的、小小的不对劲"。

因此，在动手写这本主要以年轻朋友为目标读者来谈谈工作方式的书时，我便决定将这类"在与工作有关的建议中通常被认为是必须做的正确行动"之关键词列出，并尝试带入不同的视角，以得到新的"观点"。

我总共列出了 10 个，写成 10 章，不过收录于各章中的话题，不见得都是站在反对该章主题的角度来探讨的。说是从该主题联想到的观点或许更为正确（这还要请各位见谅）。

虽说现在才想到要自我介绍未免太晚，不过还是让我简单说一下。我经营了一家名为 Discover 21 的出版社，我差不多是从 0 做到 1，再从 1 做到了 10。至于出版了哪些书呢？基本上除了漫画、杂志和学术著作外，其他类型几乎都有，但以经管商业类书、自我启发等励志类书籍为主。

最初是以类似志同道合的团体（同好会）的节奏来经营，而且，我一直希望维持着新兴的局外人立场。然而，回过神来却发现，到 2020 年时，我已经创业 35 周年，员工也有近百名，出版过的书籍已经超过两千种。

最近，创业 3 年就上市或者员工多达数百名的年轻新创公司老板并不少见，所以我这个级别也没有什么值得拿出来说的

（真是不好意思）。不过，既然各位愿意分出自己宝贵的资源来阅读本书，我在撰写时可真的是愿意抱着使命感并希望本书内容能让各位至少有那么一瞬间"改变了观点"。

正如之后会提到的，毕竟，"改变观点，改变明天"也正是 Discover 21 的核心价值。因此，我想在本书中达成的任务与 Discover 21 所出版的书籍一样，都是要"改变观点，改变（读者的）明天"。然而，不同于过去的是，以往我一直是以编辑的身份协助作者达成该任务，然而这一次，必须由我自己来完成。

这压力还挺大的……

另外，我还想通过大家手上拿着的这本书来实践一项使命，亦即本书日文和中文书名所揭示的，我要"告诉大家如何享受工作的乐趣"！当初也有人对我拟定的英文书名"No Work, NO Fun"提出反对意见。反对的人认为"世上有很多人虽然想要快乐工作，但却被迫从事着无法享受乐趣的工作。这门槛儿也太高了"。

果真如此吗？或许吧。可是，占据了人生大半辈子时光的工作，如果注定无论如何都要做的话，开心地做岂不是比较好？

就像正文中也提到的，**决定着工作有趣与否的，并不是所发生的事，而是看待它的方式，取决于当事人的选择**。做同样一件事，有的人面带笑容，但也有人一直板着一张臭脸。

并不是因为有开心的事所以才很享受，而是决定了无论做什么都要享受，所以才能乐在其中。

换句话说，**享受，也是一种能力**。

然而，这并不是与生俱来的能力。是需要仰赖刻意练习和所谓改变观点的小技巧来培养的能力。我就是个活生生的例子！我以前的性格可不是这样的！

各位首先要做的就是，下定决心学会这种能力！若是已具有这种能力，则要想着"还可以再进一步，更享受一点"。

这是第一步。

接着，在阅读本书的过程中，你会自然而然做好打磨能力的准备。读完本书后，若能看见稍微不同的风景，发现主管的那张脸看起来不太一样的话，表明你已经跨出了第二步。

上述想法便是我在撰写本书时赋予自己的使命。

但是……

若你因此就期待本书充满温和的话语以及和蔼可亲的轻松气氛，那么很抱歉，本书可能和你想象的不太一样。

在我这个玻璃隔间的社长办公室里，有两个装裱起来的格言，其中之一，是本田宗一郎①先生的名言：

"世上有的是有趣的工作，但没有轻松的工作。"

有趣不等于轻松，甚至可能恰恰相反。所以对某些人来说，书中有些部分或许会让人觉得很严厉。但也正是如此，才能让

---

① 简体中文版编注：本田汽车创始人，他留下了三个喜悦（购买的喜悦、销售的喜悦和制造的喜悦）和三个尊重（尊重理论、尊重创造和尊重时间）的经营理念。

你"看见不同的风景"。

接着，"明天才会发生改变"。

能与各位一起改变明天……是我最大的梦想，也是野心。

话又说回来，那另一个裱起来的格言又是什么呢？我写在正文里了，接下来请你好好享受阅读的乐趣啰！

关于著译者

干场弓子

干场弓子事务所法人代表，Discover 21 出版社联合创始人兼前任总裁，国际出版商协会常务理事，非营利组织 Beautiful 40's 和 alba edu 理事。日本爱知县立旭丘高等学校毕业后，就读于御茶水女子大学（前身为东京女子师范大学）文教育学部。此后就职于世界文化社旗下的《家庭画报》杂志等机构。1985 年，干场女士参与创办 Discover 21。此后 35 年，她以社长的身份带领公司发展成为日本一流的经管类图书出版社，并与日本国内 5 000 多家书店建立了直销模式。

除了以编辑角色挖掘胜间和代女士等知名作家并打造了一系列畅销书，她还创设了"商管类图书大奖"并亲自担任形象大使，直到 2019 年卸任。

对于版权输出以及与国外出版社的合作，干场女士也非常活跃，她以日本书籍出版协会首位女性理事的身份和国际出版商协会日本代表理事的身份，积极致力于推动和促进日本出版界的海外发展和全球化出版自由。此外，作为时尚爱好者，她还获得过日本第 6 届最佳银发族时尚类奖项。目前，干场女士与先生和儿子一起生活在，同时也还继续在演讲、写作、出版及顾问方面发挥着自己的专长。

陈亦苓

台湾政治大学广播电视系毕业，辅修日文，留学日本并在日本工作近 4 年。目前为自由译者，擅长信息类图书的英翻中和日翻中。

简明目录

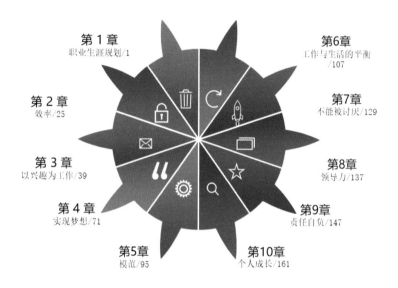

详 细 目 录

第 1 章

职业生涯规划

人生不会按照规划走，所以才有趣！
——您现在看到的未来，就是全貌了吗？

"职业生涯规划"这个词汇不知道是从何时开始冒出来的。若是已达到一定年龄的人也就算了，但若是听到年轻人开口闭口都是在提这个词，总觉得哪里好像怪怪的。

当然，规划职业生涯这件事本身并不是坏事。

基本上，事先预料到自己可能会转职跳槽、原本任职的公司可能会倒闭又或是被外国公司并购等原因而导致自己被裁员（或是有这样的心理准备），与完全没预料到这些可能性，两者的职业生涯发展想必会有很大的差异。

无论将来是否换工作（毕竟现在已是人生百年时代，我认为今后不换工作的人应该会变得相当少），与其每次遇到人生的转折点都从零开始重新出发，不如利用过去所积累的经验来过渡到下一步，这是较为理想的方式。因此，最好还是要有意识地培养这样的关联技巧，这一点显然毫无争议。

问题在于，到底未来需要具备何种技能才能受到重视，或是何种技能是最基础、必备的，其实我们并不清楚。

从这 10 年间的网络发展看来，或者从这五年间中国的进步状况看来，又或是从这三年间人工智能的进化看来，截至目前为止的趋势潮流，只看得出为将来做好准备根本是毫无意义的。今日所发生的，绝大多数在 30 年前，在某个程度上都已被预测到了。

只是大部分人都没料到竟然这么早就发生。尤其这 10 年来，网络与 AI 技术的进步速度更是以加速度的方式持续增快。可被 AI 取代的"技能范围"正在大幅度扩增中。

在这种情况下，现在做出的职业生涯规划到底能够适用多久呢？更何况，就算不考虑适用期间多长的问题，毕竟"现在"做出的规划，是以"现在"的自己为基础，是基于"现在"的自己所看出去的世界。

可是这个世界，就只是您现在眼前所见的样子吗？

您的未来，就仅限于现在的眼前所见吗？

把您的可能性局限在您现在所想的范围内，真的好吗？

年轻时就开始拘泥于求职活动，在职业咨询顾问的指导下勉强做出职业生涯规划，由此失去了日后无限扩大的可能性，真的好吗？这便是问题所在。

实际上，我就遇到过一些年轻人，他们由于过度讲究职业生涯规划而不愿意做偏离其规划的工作。

其中有些人会很明白地说出来并选择离职，但也有一些是姑且先接受，然后再偷偷地另觅新的东家。另外，也有人会把这段从"岔路"到回归自己决定的"正道"的期间当成一种试炼，拼命忍耐地努力工作。

无论是哪一种，这些人都可能被挡在入口处，无法通往自己想象不到的世界。就这样把自己封闭在为数不过 20 多年且还是以孩子眼中所见的世界里。

换而言之，职业生涯规划的最大问题就在于，只着眼于现在的自己来考虑个人在未来的可能性。

言语拥有超乎想象的力量。即使只是为了填写应聘数据而急就章地草拟出来的职业生涯规划，一旦化为具体的字句，便会成为事实，并且定义我们的未来。一旦固定下来，将会引导我们朝着该言语所指示的方向前进。

您终究会成为自己心中所描述的样子，这句话最早不知是谁说的，总之很常出现在许多伟人的名言里。所以人们才会说，如果横竖都要想的话，就要想得大一些、想得好一些。

但真的如此吗？

很多时候，现实中所充斥的可能性之多，超乎我们的想象！

以我为例吧，在 30 岁以前，压根儿没有想过自己有一天会当上"社长"。

我只是单纯地想着，若能在与地位及权力等皆无缘的世界里，以编辑的身份，一辈子编辑着自己喜欢的书，就好了，或许某天自己也能写小说，就好了。

即使在因缘际会下受命担任社长一职，我也不觉得自己适合这份工作。直至今日，依旧不确定自己是否真的能够胜任。

当时，只是因为与周围的人相比，自己似乎最能胜任，当时好像也别无选择，所以就接下了这个重大责任。然后，便靠着责任感一路做到了今天。

不过，自己的许多可能性都是在做了之后才被激发出来的。

　　这让我得以拥有"如果不尝试，就永远不会知道"的观点，也让我能够生活在这个人世间。

　　如果要规划职业生涯，最好别限定选项，要尽量扩大选择范围。

　　而且，不要只做一次就结束，要一次又一次地重新规划。每年，喔，不，每半年，又或许每个季度都该重新规划一次。

　　若发生了不在职业生涯规划内的事情时，也要临时重新规划一下。

　　我认为，若是像这样规划的话，就行得通，即**以假设的形式来做职业生涯规划**。

　　容我再说一次：

　　"这个世界真的是您现在眼前所见的样子吗？

　　您的未来，就只限于现在的眼前所见吗？

　　把自己的可能性局限在现在所想的范围内，真的好吗？"

有人，就有机会

——但您必须为幸运的相遇做好准备

除了职业生涯规划外，还有一件事是"认真的"年轻人也很容易去做的，那就是为了推动职业生涯发展而做的一些学习。

例如，大量阅读话题性的经管书、参加研讨会及演讲活动、就读在职研究生、取得 MBA 学位或以托业（TOEIC）①860 分以上为目标，又或是学习撰写文案、学营销、学习程序设计……

学习本身不是坏事。甚至，我认为每个人的确需要持续学习与工作相关的技能。

但千万不要以为只要多学习，就一定能促进职业生涯的发展。除了医师国家考试及司法考试等部分国家资格考试外，能够为您直接开启某些道路的，也只有大学入学考试而已。

到底什么才能够给您提供职业生涯发展机会？其实主要还是在于"人"。

从小事

地改变您的人生。

---

① 译注：国际交流英语考试，有"商业托福"之称，满分 999，805～990 分之间为优秀，总共 200 道题，有听力和阅读两部分，考试时间为 120 分钟。

　　而且，这些相遇多半会引导我们改变方向，很可能会稍稍偏离原本连续的直线（有时甚至会完全转向）。

　　感觉上就是虽然方向有些偏离，但确实是向上和向前发展的。

　　我就是这样过来的，其他许多比我更伟大、更优秀、更成功的人也都这么说。

　　既然如此，那学习到底是为了什么？当然是为了与机会女神相遇。

　　通过学习而认识的人能为您带来机会，同时也是让对方觉得这个机会非您莫属。

　　无论机会还是运气，终究都需要准备。即使是四叶幸运草的种子，也需要在耕好的土地上发芽。

　　但我要警告各位，在这部分，最好要先了解两个陷阱。

　　一是，虽说准备有其必要性，但有不少人会认为需要再多准备一些，再多学习一点，才能与那个人相遇。这样的心态与其说是犹豫，还不如实话实说，是担心害怕，这样是无法获得对方认可的。如果一直抱持着"等我再准备得更确实、更好……"，那么，就会一直这样准备下去，永远都准备不完。

　　**只因为，
在准备的过程中不必面对失败。**

　　而与学习相关的另一个陷阱是，**忘了学习本来的目的，错把学习本身当成了目的。**

　　原本是为了与可能带来机会的人相遇而做好准备，所以开始学习，但却在朋友提出"要不要去听那个谁的演讲？"等邀约时，以"我要念书"的理由予以拒绝？

　　这和本来是为了个人魅力而上健身房，后来却不知不觉地追求起根本没人有兴趣的六块腹肌；内心为了赢得王子而展开的减重与美容等活动，却转变成与增加吸引力相反的自我满足及同性竞争是一样的。

　　毕竟，将手段目的化，是我们人类最擅长的模式。

　　这么说来，我其实也沉迷于令同龄男性望而生畏的抗衰老美容，效果嘛，也是相当值得怀疑就是了……

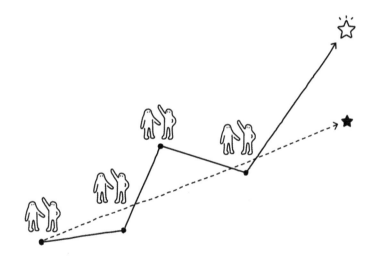

困惑？做就对了！获得邀约？去就对了

——机会总是出现在意料之外

举个例子，就像走森林步道一样。一开始照着地图走。走着走着，遇见一个岔路口，而岔路前方有个小隧道。那是废弃的矿车轨道，远处看得见出口。看起来挺恐怖的，但还是想走走看。若是迷路，就先前进再说，反正也不可能遇难。

有些想试试，但又怕丢脸。有些可怕，有些麻烦，该怎么办才好……日常生活中经常会碰到这类情境。

这时，**编辑**通常会选择"**若是迷惘，就先做了再说**"。这种行动派就适合做编辑。**喜欢走吊桥胜于石桥的人比较适合做编辑**（我个人是这么认为）。

那么，经营者又如何呢？虽然我不知道正确答案，不过，对我而言，经营者首先会评估最糟状况的风险，若是能接受，就放手一搏；或是让员工去尝试。而那个可接受范围代表的是公司的规模，也是经营者的度量。

所谓获得邀约就积极参与以及若迷路就先走一步再说等，都属于"若是迷惘，就先做再说"的范畴。

先前我提到，机会是由人带来的，而这也正好回答了这个问题："为了能遇见那种会给您带来机会的人，该怎么做好？"

"**获得邀约就积极参与！**"但我不建议年轻女性一有大叔邀约便立刻"上钩"，无论对方是受访的官员、自己欣赏的艺人还是自己非常尊敬的记者。

偶尔总会有同事、上司、朋友或客户来邀约说："有个什么聚会活动，要不要一起去？"

这类聚会通常是您不太感兴趣的那种，因为对工作似乎也没什么帮助。虽然自己有空，但您可能觉得难得没安排事情，所以想早点回家。

像这种时候，如果确实有空，即使有些勉强，也最好去一下。

通常，有人来邀约的时候，便是最佳时机。基本上，一旦连续拒绝两次，就很难有第三次。如果连续拒绝三次，那这辈子都不会还有第四次了。

更何况，那些会带来出乎意料的机会的人，往往都是自己不太感兴趣的人（所以才出乎意料嘛）。

既然自己不太有兴趣，就不会是自己主动去遇见。换而言之，除非是有人来邀约和介绍，否则您根本不会认识这些人。

所以，您是不是该珍惜这些兴趣与自己不同的人呢？

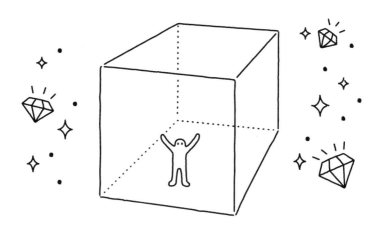

同理，那种尽管先前已经报名要参加，但到了当天却觉得好麻烦、整个提不起劲的研习会或交流会等，都是绝佳机会！

根据我的经验，正是这种时候，才特别容易有出乎意料的相遇。虽然并不总是如此，不过以我来说，概率可是高达百分之四十左右呢！一直以来，我认识的许多新作者以及后来还一直有往来、志同道合的朋友，都是在这类场合遇见的。

每次相遇都让我觉得，竟然有这么棒的人，这个世界上真是人才济济，一个人不管到了多少岁，都能交到新朋友呢！

机会，总是出现在您的意料之外，
总是在您平常做的事和经常见到的人之外。

不试试看的话，就只能和现在一样，一直处于今日延长线上的预期内状态，**若您愿意尝试，意想不到的事就有可能发生，而且是非连续性地发生。**

这是很有趣的，会创造出下一步。因此，总之要试着勇敢地跨出去，那会创造出新的现实，也就是说人人皆萨特[①]。

---

① 译注：萨特为法国著名哲学家，主张现实是能够创造出来。

学习的方向要既深且广

——永远比别人要求的更进一步

为了能够遇见、认识不同的人，学习是必要的。"如此说来，到底应该学些什么呢？"

经常有人向我问起这个问题。

以商务人士的学习来说，主要有两个方向：一是往下深入钻研；二是横向扩大范围。哪个方向比较好？

我的答案是，**要既深且广**（别紧张，其实也没什么大不了的）。

为什么需要广泛呢？

因为如前所述，**机会存在于自己的框框之外。**

若是太狭隘，相遇的场合就有限，能遇到的人也有限。即使相遇，能够谈得来的人也相当有限。

那又为什么需要深入呢？

因为拥有特定专长领域来作为自我轴心的人是很强大的。

这样的人能凭借框架之外的知识吸引人。对于任何事物，只要您深入理解并掌握它与其他领域共通的本质，最终都能获得通用知识。

通过深入钻研，得以贴近事物的本质。

一旦贴近事物的本质，就能与其他领域的本质产生共鸣。

　　只要拥有一项深入精通的专业技能，之后只需要一定程度的专心学习，便足以看清本质。例如，从物理定律看出历史定律、从基因的运作机制找出与组织管理理论的共通点，等等。

　　有了深入，便有了博闻广识。

　　人们常说，学会一种技能平均大约需要花一万个小时。即使是经营或专业技术岗位，算起来也要花小十年的时间。

　　10 年听起来或许很久、也令人却步，不过，30 年就有 3 个 10 年。例如，花 30 年成为一名既会英语又能做销售业务的编辑（这不是在说我）。

　　虽说这是职业生涯理论的重要参考标准，但这里所谓的深入并不是那么严谨、正式的东西，**而是指以高度的热情专注一个月到一年左右能够达到的程度。**

　　就我而言，这或许就是职务收益，即因工作而获得的特权。

　　我 20 多岁担任杂志编辑时，负责过护发特刊，于是就花了整整一个月彻底研究了许多护发相关信息，就连烫发及染发的化学作用都有了相当详细和深入的理解。

　　在负责餐桌布置特刊时，从"早餐怎么会出现卡芒贝尔干酪①?"（我 20 多岁时搞砸的杂志照片）之类的餐点常识到

---

　　① 简体中文版编注：源自法国诺曼底地区，是法国的标志性美食，由原牛奶制成，2 升奶可以制成 250 克干酪，须放入木盒中销售。最早是 1791 年卡芒贝尔村的农妇玛丽·哈雷尔做的。1916 年，成为一战期间法国士兵的补给食品。它的最佳食用时间为每年 4 月到 8 月且制成后的 6~8 周以内。

CUTLERY（三件套刀叉勺餐具）这个名称的由来[①]，我可是连这类旁门左道级的世界史都彻底复习过了。做冥想特刊时，对于今天所称正念的相关知识，我研究得比任何人都更透彻。

在 Discover 21 出版"大小姐系列"书籍时，我对上流社会的讲话方式、生活习惯及财物用品等都有精准的掌握，甚至还让儿子去念了上流家庭孩子念的幼儿园（不过没能成功地让大家误认为我们是上流阶级）。自从开始出版经管书，逻辑思维和会计等，只要是与该书主题有关的知识，我也都有相当深入的理解。总之，以编辑的名义，直接从身为专家的作者那里学习，当然是一种职务收益。

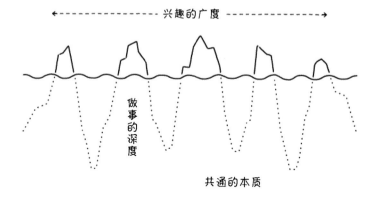

←--------------- 兴趣的广度 ---------------→

做事的深度

共通的本质

---

①　据说是十六世纪时，从佛罗伦萨的美第奇家族嫁入当时法国下层皇室的卡特里娜公主，因为把专业厨师和刀叉勺餐具等当成嫁妆一起带进法国，所以刀叉勺餐具才有了 Cutlery 的称号。难不成在那之前，法国人都是用手抓东西吃的？

不过我认为，任何工作都能够获得这样的收益。

例如，在拜访新客户时，要进一步调查该客户所属行业的相关信息，并且调查得比实际需要的更深入。

第一次写策划案时，不仅要彻底研究策划案的写法，还要抱着两周内成为专家的决心认真地学习。

总之，就是跟它拼了。

永远比别人要求的更进一步。

这就是诀窍。

就这样把接到的工作和决定要做的工作，一个接一个地，一点一滴地，越做越深入，使之逐渐成为自己的一部分。这就是既深且广的学习。

如此一来，对商务人士既深且广的学习而言，关键在于受**各种事物吸引的"兴趣的广度"，以及能有一段时间热衷投入的"专注力"，还有到了一定程度便会将兴趣转移至其他事物的"善变度"，让我们把自己的善变给合理化吧！**

"那么，该如何扩大兴趣的广度？"也是经常有人问我的问题。

在这部分，最佳解决方案就如先前提过的，即使毫无兴趣，只要获得邀约，就积极参与。不过，这还是会陷入鸡生蛋蛋生鸡的问题，而我则是采取另一种办法，强迫自己做点更深入的研究。

因为，**无论什么事，只要能够更深入地探究，自然而然，终究会让人产生兴趣。**

要知道，深度与广度之间的关系并非相互冲突、不可兼得。

以此逻辑看来，**突然被指派了某些偏离自身职责范围或自己不想做的工作，其实这正是求之不得的大好机会呢！**这是一种能让自己对以往没兴趣的事产生兴趣的好机会。

与其吸，不如先吐

——社会人学习的目的，在于输出

20 多岁时，我担任女性杂志的编辑，当时负责流行服饰、美容和室内设计，正是瑜伽热兴起的时候。

而我的工作就是要在趋势成为趋势之前，抢先一步确实掌握，并策划特刊内容，于是立刻便跑去体验了。尽管才学了猫式等基本动作，也做出特刊，但和其他的事情一样，我这个人就是三分钟热度。话虽如此，自己还是学到了一些东西，而且至今仍然没有忘记。

那就是呼吸。

深呼吸的顺序，也就是先吐再吸。只要把气都吐完了，即使不刻意吸气，空气也会自然而然地进入到身体。说起来丢脸，在学瑜伽之前，一听到"现在请深呼吸！"，我都是先吸气。

这和商务人士的学习有异曲同工之妙。

说到学习，大家通常都会先想到输入。总之，先努力输入。

结果呢，胸口和脑袋都装得满满的，在工作上却完全没有变得更厉害，也没有给周围带来什么好的影响。

这样的学习到底目的何在？

不就是为了输出？是为了提升输出的质量，对吧？是为了增加输出的能量，对吧？

对于社会人，学习的目的应该在于输出。

该怎么做呢?

别吝啬，就是要把您现有的全都先吐出来。

自然而然，那些新的智能、技术和信息等便会进来。

以输出为目的的学习方式，在今天或许已被视为理所当然，但在十几年前，所谓商务人士的学习，可能是针对托业或记账等资格考试，又或是属于文化教养类，对此提出新的概念思考，是敝公司出版胜间和代女士所写的《年收入增加 10 倍的学习法》，这是我相当引以为傲的。

虽说我也没想到因为当初向胜间女士提议写一本书来讲讲如何以工作输出为目的而竟然成为"年收入增加"的策划，我自己也吓了好一大跳，至今都还能有不少因为读了胜间女士所写的书而在职业生涯上有所发展、人生有所改变的读者表示感谢呢。

很多人，主要是完美主义者，会吝于输出自己的构想，一心觉得需要再进一步琢磨，需要等待合适的时机到来，所以一直小心翼翼地不断积累。

但，若是琢磨半天的那个构想结果却行不通呢?

应该会非常沮丧吧。就算没有很沮丧，不断累积的时间也都浪费掉了。如果横竖都可能行不通，还不如痛痛快快地输出，以便能赶紧进行下一个构想。

吝于输出的人，应该是希望能等到计划完美、准备充足。因为，被否定是很可怕的。

但是，在那样持续累积的过程中，情况会不断地改变，原

先的构想会越来越过时，于是就需要一再更新版本，结果，会
导致"准备期"永无止尽地延续下去。

永远在准备的青年！这样子，真的好吗？

在这方面，建议大家最好效仿一下美国人。即使是不怎么
样的意见，无所谓对错与好坏，什么都行，总之都把它吐出来。
只要输出了，无论结果如何，用于进行下一步的信息便会涌进
来，而且是自然而然地聚集起来。

不要解释，说出您的意见

——发表意见固然危险，但保持沉默更危险！

　　无论是在开会还是在闲聊，总会有人保持沉默，一直不发表任何意见。就算开了口，也只是在"解释"当下的讨论内容（发表意见的大多是半吊子优等生），虽然有时候有些帮助，但一直这样会讨人厌的。

　　解释并不是输出，说出自己的意见才是输出。

　　到底为什么不输出呢？让我们试着推敲这中间的理由。
　　一旦输出，必定会引发某些反应。
　　可能会被称赞，意见会被采用，也可能收获观点和自己相同的知己。
　　但也可能被反驳，甚至被攻击。若是在网上，还有可能掀起一场论战。
　　最重要的是，这有暴露自己智商的风险。如果真的会遇到这些事，那还不如保持沉默，这样比较安全，更何况，相比热切地讲述个人意见的人，稍微从旁冷静解释的人通常显得更聪明！

　　但这是很危险的。真的很危险。一开始是"虽然有意见，但选择不说"，然而，当这样的状况一再重复，人就会渐渐变得不去思考自己的意见。长此以往，最后想讲些什么也没有什么可讲的了！

拥有自己的意见，就是拥有自己的见解、拥有自己的使命以及拥有各种判断标准。也正因如此，才能产生出各式各样的创意及构想。如果这些都没有的话……

如果一个人已经接近这种状态，该怎么办？

其实，发表个人意见也是一种练习。无论开会还是闲聊，还是一个人在阅读网络文章等，都可以试着说出"我的想法是……"尝试表达自己的意见。务必要下定决心说出口，并且切实执行。就和呼吸的原则一样，总之，要先吐出来，表达出自己的意见、构想、判断标准、见解及使命等，让它们逐渐孕育成形。

回报的法则

——回报必定有，只是并非来自当前的此人

"在输入前先输出"，这一原则在人际关系上，也同样适用。

若有想为对方做的事，最好主动去做。

别等着对方为您做了些什么后，才去回报他。要主动付出。

如此一来，一旦您有需要时，就必定能获得帮助。但您不能因为对方没有回报自己，就开始怨恨对方。**没获得对方的回报就心怀怨恨，那您干脆怨恨所有人算了！！**

是的，绝大多数人都不会马上回报。基本上，他们不觉得那是别人的恩惠，他们认为那是自己的功劳。就跟您一样。

其实，回顾一下自己的人生，我发现自己受到了太多人的照顾。

从幼儿园到大学的许多老师、朋友、第一个上司、第二个上司、现在的老板，众多的前辈与后生、诸位作者以及在职或已离职的所有员工。不只如此，从经常光顾的那些店铺的老板及店员，到孩子的保姆和老师、在公交车上帮助过我的陌生人，当然还有父母及亲戚、老公和儿子等。

但对于这些人，我几乎都不曾好好地回报过。回想起来，当时主要是觉得理所当然，认为是自己的能力让自己走到了当时那一步。

如今，到了这个年纪，我才终于领悟到这个道理……

无论您为别人做了什么，付出了多少，都不见得立刻会获得对方的回报。

甚至，这些回报还不会回到您自己身上。

回报这种东西，不能预设就是来自当前此人的。

但是，那个人会为别的人做出您为他做过的事。您为他，他为别人……别人为您，这个世界就是这样运作的。在这样周而复始的循环下，

终有一天，回报又会从您未曾为他做过什么事的人那里，回到您身上。

我想可能是这样吧。

第 2 章

效　率

说效率还太早，10 年后再说吧
——人生的乐趣就在于多余和不必要！

我偶尔会问公司里年轻的员工："如果做出的成果相同，用 80% 的力气搞定和花 120% 的力气完成，您觉得哪个更了不起？"

得到的答案通常都是前者。

如果换一个问题："您觉得以 50% 的投入来取得 80 分的合格，相比以 200% 的投入来取得 100 分的合格，哪个更了不起？"

当然，这个问题大家也都选前者，后者的效率实在太差。有些人甚至会说："如果是做生意，这样做会赔钱吧？"

确实，做生意的话，这样做肯定是会赔钱的。但，我说的是个人的成长，指的是年轻员工的成长。

说效率还太早，10 年后再说吧！

（看似）浪费掉的那 20% 的力气、100% 的投入，并不会消失。**这些都会实实在在地留在那个人身上，并且成为下一次成长的基石。**

而且，还不只是这些。

即使成果看起来一样，在水面下还有好几倍深度的冰山，和全都浮在水面上的浮冰，两者间的差异，内行人一看便知。

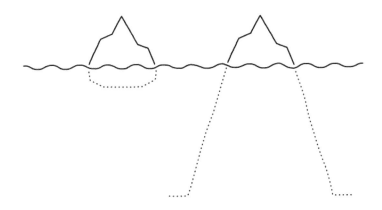

　　更何况，若只是不犯错、有效率地完成任务，那终究只会是一时的工作，日子久了便会忘记；然而，曾经彻底深化的，则会成为自己的血肉，今后与之有关的一切，都再也不需要学习。**长远看来，这样做其实更有效率。**

　　总而言之，我觉得比起一进公司就能灵巧迅速地完成所有任务的人，反而是笨拙但不惜用尽全力挑战任务的人，在 10 年之后往往都还能持续成长。虽然需要多花一些时间，但兔子和乌龟的教训至今依旧有用。

　　就在我宣扬这个观点时，前几天，东京六本木艺术学院的一场演讲中，从东京艺术大学教授及著名策展人长谷川祐子及脑科学家中野信子等人那里，我听到一个非常有趣的说法。

　　排除了非生产性事务、杜绝了浪费的组织（从小型团体到国家层级）都会造成衰退，而且正在持续衰退。

　　她们以巴西里约热内卢的嘉年华为例，即使不用拓展到国际化的程度，认真想一想，在我们日本的社会中，确实存在着很多对人工智能来说毫无必要的"浪费"，如斥资上亿日元举办的烟火大会。还有，为了让自己疲惫，特地背着大行囊并冒着可能滑落山谷摔死的风险去登山健行等。正是这类"玩乐"的"无用"耗费，才让人觉得像是真正的人生。

至少，人生的乐趣不就存在于这样的"多余"和"不必要"里吗？

若是只考虑效率，那就不需要主厨了，单靠营养品来获取所需要的营养即可。同样，也不需要流行服饰了，只要有能够保护身体免于外界侵害的防护服就好。

如果机会存在于"框架"之外，
那么乐趣就是被排除在"框架"之外的东西，
又或者是存在于超越了框架的事物之中。

成果超越预期的"120 分主义"

——若只是符合预期，别人其实很难夸得出口……

学校的考试不会有超过满分的成绩。再怎么优秀的 100 分，和勉勉强强达到的 100 分，其实都是一样的，但工作就不同了。

在工作上，若是被告知考 100 分是您份内之事，很多人就会认为自己考到 100 分就可以升职加薪，但那只不过是做到符合目前薪资价值的工作而已，光是这样，别人是很难称赞得下去的……

有人之所以会被称赞或被注意到，都是因为其成果超越了别人对她的预期。

只要成果一再超越别人对她/他的预期，那么无论那个人是否有此意图，终究都有机会升职加薪。

负责保管宾客脱下的鞋子，那时的丰臣秀吉以及替丰臣秀吉泡茶的石田三成等人，他们的小故事就不用再搬出来讲了。**被公司所栽培的人、已成为领导者的人，他们所做的一直都超出别人的要求（更广、更深），因而展现出的成果超越预期。**

Discover 21 在招募员工时，原则上是只招应届毕业生（或者有过正式工作但工作时间不长），然后所有新员工都要从做书店业务开始。不管是东京大学的博士，不管是哪个国家的人，全都一视同仁。

在这些新人之中，获得新人 MVP 荣誉的员工都有一个共通点，就是会发挥巧思，做一些超出工作手册指定范围的事情。

例如，觉得必须记住自家公司好几百本动销书而自行将图书封面输入计算机并以类似单词记忆卡一看就能立刻答出来的方式私下偷偷练习的井上先生（News Picks Publishing 的现任主编）以及为了观察书店内客人动线以找出较好卖摆放位置而制作出独创指南（虽然是只存在于她脑袋里的虚拟版）的片平小姐，还有走进书店一看到垃圾就必定会捡起来的井筒先生，等等。

只有绩效很差的人（但他们都说自己在校时学习成绩很好）才会说什么工作手册都没写清楚、公司的基础设备没到位、打电话应该比亲自到访更好等，总之，什么都要讲究效率。

在我看来，**这根本不是讲究效率，而是偷懒，是吝于全力以赴**。

无论做什么，一旦有所保留，就会枯竭匮乏。当您拼尽全力时，那些减少的部分将会从某处加倍涌出，无论金钱、干劲儿还是能力，概莫能外。吐比吸更重要。在输入之前，必须先输出。

所谓做出超越预期的成果这件事，对于做生意来说，也是必要的。

顾客之所以愿意一再回购，无论是甜点还是化妆品，又或是心理咨询，都是因为超越预期，认为自己获得的价值超出了所付出的金额！

付出 1000 元的时候，若是获得 1000 元的价值，不会有什么感觉；若是获得 1200 元的价值，则会感动，会觉得自己买对了，会想着再去买。反之，若只能让人感觉到 950 元的价值，那就会让人觉得不值，甚至会成为客诉目标。

唯有成功地提供给顾客超越其预期的成果，才会有下一次的机会。

所以，总是要想着，
要比实际再多提供 200 元的价值，
要比实际再多提供 20%。

具体到底该怎么做？

其实这并不是什么困难的事，不必想得太多。

这样做应该够理想了吧，有必要做到这种程度吗？更何况时间也不够。做到这个地步应该就完美了，对方会很高兴吧，但这种做法大概只会出现在偶像剧里……您的脑海里想必也闪过这类念头，但无论如何，都请干脆利落地做下去。

把一般不会跨出的那最后一步，
勇敢地跨出去，实际地做下去。

然后，记得要**持续做**。这点很重要！仅此而已。

拜托，别老把 CP 值挂在嘴边

——工作成果并不会立刻显现

吃饭或购物时考虑 CP（Cost–Performance）值，这或许无可厚非，但我不认为任何事情都能以 CP 值的角度来思考。例如，相比一个人住，两个人一起住 CP 值更高，所以选择同居。但这样做的话，真的好吗？

又例如，会员卡的颜色会随过去的消费金额改变，而回馈点数的百分比也会随之增加，但同样的机制也能用在个人的交友关系上吗？像是和这个人交往的话，CP 值是高还是低？

所谓的 CP 值，就是成效比，也叫性价比。就成本如何有效率地发挥在效益上来说，简而言之，CP 值代表了某种效率，也就是在评估相对于所花费的成本，能够获得多少回报。

多年来，从日本整体经济状况讨论生产力低落到个人的工作方式等方面，讲的都是生产力。

在此要提醒各位的是，以往投入 10 分的成本（时间）可达成 100 分效益的事情，若是以 8 分的成本就做到了的话，确实是生产力提升了。但是，以 6 分的成本达成 70 分的效益，生产力也是提升了。

事实上，据说在推行"工作方式改革"的情境中，就有不少企业已经出现个人生产力的数值增加但整体业绩却下滑的问题。

为了提高生产力，想要用避免长时间会议等做法来改善，但效果并不显著。更不会因为休假增加了，业绩就能突然迅速达成。

这种时候，我们需要的其实是能够以更少工时达到更大效益的"创新"，是可与工业革命和信息革命相匹敌的创新。

而开口闭口都是 CP 值，总是追求眼前的效率，想要尽可能聪明工作的方式，不禁让人觉得这似乎背离了初衷。

从较偏个人的角度思考，成本不只是金钱，也包括了劳力及能力、时间等，因此，越早获得回报，CP 值才会越高。

但有些投资无法立刻看见成果。

再怎么努力学习和投资自己，必定都需要一段时间才能以工作成果的形式显现出来。

很遗憾，您所勤奋累积的努力没在您在职期间开花结果，却成了继任者功绩，这种事并不罕见。

工作成果不会当场立刻显现。
工作成果会显现于整体，
甚至，还可能会显现在别的人身上。

就像多亏了某人，您才得以展现出某项工作成果一样。

不过，回报必定会有的。

或许不会立刻回到您身上，但在某个程度上，就时间轴的角度看来，必定会有。

所以，别心急。
也别斤斤计较。

您所做的努力，必定会回报到您个人身上。

只是回报的形式可能超出您的设想，所以无法立刻意识到（搞不好永远都意识不到）。

又或者很久以后才来，以至于让人根本想不到是因为当年当时的那件事呢!

建议尽量多多浪费

——人生取决于您做了多少乍看之下多余、无用的事

其实，我并不喜欢所谓的"断舍离"（这已经算是相当含蓄的说法了）。说得更确切点，是没兴趣。

也不能说是在为自己辩解，毕竟我那狭小的家里堆满了根本无法搭配的衣服和极少使用的碗盘……可是，没用的东西就要丢掉？唉呀呀！这未免也太无趣了吧！

若总是因为这个没用、那个也没用而选择丢弃，
难道，没发现最没用的就是自己吗？
难道，不觉得活着本身就是种无用的行为？

关于职业装，说是只留下最基本的几件就好，其他的都丢掉，那么，从一开始就不应该买下您能够轻易丢掉的东西啊！

例如，您以后可能都没办法穿的某件开司米羊毛衣，但您超爱它的颜色和设计，光是其触感就能让您觉得很幸福。或是很少有机会穿的花式粗呢连衣裙，做工蕴含着裁缝的手艺，完全值得好好珍藏。又或是现在已无场合可穿的晚礼服，但您会为了创造出能够穿它的场合而努力提升自我！

这些东西完全无法丢弃啊！

有些东西确实是当初真的不该买！或者说怎么看都不合适。而且，这类东西还比您预想的多。在遇见领口恰好适合自己的毛衣前，想想之前到底买过多少件开司米毛衣？确实是挺浪费

的。但正是这样的浪费，才让我了解到自己到底是什么风格。

无论如何，大多数人很少能够一次性到位，能准确找到自己想要的，多半都会绕路。

然而，那些迂回曲折，不正是人生吗？

看似无益的相遇，后来却成了美好的缘分。
看似无益的学习，日后却帮上了大忙。
经验越多越好。

人生的重点在于过程，不在结果。

若非如此，人生的目标就会是死亡了。

人生的目的应在于"活着"这件事。即使那是一条从出生通往死亡的道路，喔不，正因为是从出生通往死亡，所以活着的时候，"活着"这件事本身就是目的。

无论如何都必须经历这个过程的话，还是开心地过比较好（当然，开心并不代表轻松）。

说到浪费，如果对空间的浪费也很在意的话，就会忍不住想要填满，随着断舍离的流行，整理、收纳也是女性实用书必不可少的策划内容之一，但这部分也一样，要是太过于严谨，就会令人喘不过气来。

年轻时，刚刚搬进现在住的大楼，我认真研究格局图来配置家具。至于储藏室，就不用说了，连厨房的收纳空间都一一仔细丈量尺寸，以便加入置物架及储物箱，制订了一个完美的收纳计划。

原本以为如此便能极为有效地活用狭小的居住空间，过着舒适便利的生活……

然而，万万没想到做得太过彻底严谨，很快就破功了。

为了收纳而收纳，导致拿进拿出很累人。一旦移动了一次，要恢复原状就超级麻烦。只要多一个东西，就塞不下。家具配置得太紧凑，人无法顺利走动。

一切都缺乏所谓的缓冲。

就和安排得过度紧凑的时间表一样，由于没有余裕，只要出了一点点差错，就会全线崩溃。

归根到底，到底什么是浪费？

明明用电子邮件就能搞定，但必须特地写成书面形式并以邮件方式发送的陋习，或只是单纯为了替相关人士做面子而开的会议等，这类浪费确实应该去除。

但为了在一年一度的公司聚会上为时仅五分钟的出场，提前一个月就开始花几十个小时来练习舞蹈呢？

前面提到的巴西里约热内卢的嘉年华，也是为了短短一瞬间的出场，有些人可是花了一整年的时间。

付出的大量金钱、乐此不疲的狂热的人……多么壮观的浪费，没有什么比这更不具有生产力了。其实，就是为了那一瞬间非同寻常的浪费，人们平常才愿意如此拼命地从事生产活动。

为何不能将那样的浪费本身作为人生的目的？作为人生的乐趣呢？

为了无用的漂亮衣服而工作？这跟我的人生还挺像的。

我先前说过，要为了做出 100 分的结果而使出 120 分的力气。

那多出来的 20 分，绝对不会被浪费。

肯定有一天（可能是下个月、明年，也可能是 10 年后）会为您带来 1000 分的成果。

即使没有带来成果，它或许也会成为您人生真正的目的，说不定，就像里约热内卢的嘉年华那样。

人生取决于您做了多少乍看之下显得多余、无用的事情。

工作如此，学习也不例外。爱情与友情也都是从无用的闲聊中孕育出来的。

在这个世界上，无用的恐怕就只有赘肉，如此而已。

第 3 章

以兴趣为工作

一开始根本没有喜好可言

——所以不必勉强，不需要假装自己有特定的兴趣

以兴趣为工作。

这又是个会造成许多年轻人深感不幸的说法。

什么样的年轻人会因此而深感不幸呢？

❶ 兴趣与专长不同的人。

❷ 不清楚自己到底喜欢什么的人。

首先从"❶兴趣与专长不同的人"谈起。

我们公司是出版社，总有很多立志成为编辑的学生前来应聘。鉴于最近出版行业的状况，应聘人数比起 20 年前，真的是少了很多，但基本上还是算得上络绎不绝。

但正如大家都知道的，出版这个行业，包括前三大出版社在内，都属于中小企业，根本雇不了太多人。如此一来，绝大多数人都得不到录用。而且，就算进了公司，若是被评为不适合，也不会被分派或调动到编辑部。于是，这样的人就无法以"兴趣"作为工作。实际上，在面对写作任务时，不是连稿子用途都没弄清楚，就是错字连篇，这样的人竟然立志要当编辑。

编辑虽然不是作家，但必须要比作者更精通遣词用句。这是担任图书编辑最基本的条件。

当然，这并不是惟一的条件，但要是一个人不擅长文字，

却还说自己喜欢文字工作，是不是很让人困扰呢？

与其寻找兴趣，不如找到自己擅长的事情，进一步打磨该项专长，这岂不是很好吗？

心里虽然这么想，可是被问到"您真正想做什么？"或看见"要以兴趣为工作！"等宣传文案时，似乎就会渐渐觉得"必须"以兴趣为工作，以兴趣为工作"才正常"。

但显然，只有极少数才是"兴趣"与"专长"重叠的幸运儿。

通常情况下，在听到"真的""真正"之类的词汇时，您就要小心了。

好不容易做得还挺开心的，却有人跟您说："这真的是您想做的工作吗？"或者说"您真的要选这个人吗？"在听到的瞬间，往往会让人出现"错了吗？"的念头，于是开始怀疑人生。

"真的"到底是什么意思？

从这一点来看，我觉得其实"不清楚自己到底喜欢什么的人"很可能远远比"无法从事自己有兴趣的工作的人"要多得多。

自己到底喜欢什么，有时并不清楚。一旦有人对自己说"请做您喜欢的事"，就会有一种被指责的感觉，仿佛"一个人必须得有自己喜欢的事才行"。

可是，难道说我们周围的每个人真的都有自己很明确的兴趣或者爱好吗？

　　我认为，实际上，**人在年轻时期，尤其是在进入社会之前，没有明确的兴趣、想做的事以及绝对要实现的梦想等才是正常的**。很多时候或许只是别人问自己"您的梦想是什么？"然后回答说"我没有梦想。"这样的状况实在太难堪，就只好随便说了个答案，最多是毕业求职时，得有些东西才能缩小目标企业的范围，面试时才不至于困扰，就做了所谓的"自我分析"，然后不知不觉被这个捏造出来的内容给洗脑，仿佛这些就是自己一直以来想要做的事或自己喜欢做的事。

　　这么说来，其实我以前也是这样的。

　　我并没有特别梦想着要成为编辑或是进入出版社，仅仅只是因为那个年代还没有男女工作机会平等法，也没有外企可选，而至少在求职入口处算是男女平等、一般来说是敞开大门的，也只有包括老师在内的公务员及报社、出版社等行业而已。

　　当时，杂志即将迈入全盛期，杂志编辑，而且是时尚杂志的编辑，看起来似乎很酷，或许也是我进入这一行的原因之一。不过，当初要是没挤进杂志编辑部，我现在大概就是个公务员。所以，我才觉得自己应该是适合做这一行的。

　　幸好，那时从来没人跟我说过"要有梦想"或"兴趣和工作要结合"，也没人问我"您真正想要做什么？"

　　话虽如此，但在那个时代，女性最大的抉择在于要进入家庭、找工作还是成为研究人员，而男性则必须在企业招聘不如今天这般开放的状态下做出自己的选择。

　　我觉得，这些一直根本不曾有过什么梦想的老一辈人，现在这样不负责任地"胁迫"年轻人要"坚持自己的梦想"什么的，真的很不好。

若您真有无论如何都想做的事，有想要当成工作的兴趣，只能说明您真的很幸运。

如果"真的"喜欢，即使没有多大才能，即便并不擅长，想必也能锲而不舍地持续努力下去。就算一辈子都是红不起来的演员、歌手或者画家及自称作家的作家，应该也不会后悔。

实际上，在我那些学历高的朋友及熟人之中，这样的人还真是不少。

但是，若您其实并没有什么特别想做的事或特别坚持的梦想和兴趣，不必勉强，不需要假装自己有。

您只要——

先专注于眼前的事，把力气放在要求您达成的任务上，这样即可。其实，"爱上工作"的秘诀就藏在其中。

那里找得到兴趣和发现梦想的入口。

不过，没找到也无所谓就是了。

让我再说一次：

若是明显没有什么自己特别喜欢的事，也不必勉强，不需要假装自己有。

如何爱上自己正在做的事

——重点不在于做什么，重点在于由谁来做以及为何而做

与其找到自己喜欢的工作，还不如爱上自己手头上正在做的工作，这样比较快。

基本上，爱上人事物也是一种能力，是每个人都可以具备的一种能力。

一般认为无论爱还是愤怒，都是在有那样的对象时才会产生（我在 25 岁前后也是这么想的），但实际上并不是那么一回事。

其实，**我们天生就有爱与愤怒、悲伤等情绪，这些情绪总是在寻找出口。然后，恰巧某些人事物造成了刺激，于是就有了情绪。**

因此，就算有某个人非常爱您，与其说是您格外超群出众、讨人喜欢，还不如说那个人是一个拥有爱的能力的好人。有幸遇见这样的好人，您真的需要心存感谢。

愤怒也是一样的。

就算您激怒了某个人，让对方非常生气，那也是对方的问题，您不必过度自责，简单感叹一下真是倒霉，不小心按到了对方的愤怒开关。

虽说这篇的开场白似乎又变得长了些，但我要说的是，如果自己心中本来不存在能爱上某人、喜欢某事的热情或兴趣，

那么无论是谁，又或者什么事物在眼前，自己都不会爱上，都无法喜欢。

若您总是一再重复着不是这个，也不是那个，不该是这样，跟我想的不一样，又或者根本连这种期待也没有，只是不知道自己到底想要做什么，那就说明您的"爱的能力"正在衰退，你得想办法恢复"爱的能力"。

没错，必须让它恢复。

**幸好，每个人都具备"爱的能力"，
通过练习，都能得到恢复。**

练习**方法是纯粹与专注**。是的，和冥想或者正念一样。

把"做这种事能有什么发展前途？"或"这真的适合我吗？"等怀疑都暂且摆在一边，总之，就尝试一下，先看看。

持续下去。

试着专注，只想着那件事就好。

做不好也没关系，总之持续下去。因为在习惯和熟悉的过程中，人便会逐渐产生感情。

恢复"爱的能力"的另一种方法，是**思考工作的价值并赋予工作以价值**。

这听来或许和刚刚说的"纯粹"相矛盾，但其实怀疑完全不同于思考价值和创造价值。

赋予工作以价值是什么意思呢？

关于这部分，我想以著名的砌砖工人寓言故事但用的是经我改编过的版本来为各位做个说明。

有一群工人在搬运和堆砌砖头，而路过的人问了其中一位下面这个问题：

"您在做什么啊？"

"我在搬砖头啊，很辛苦又无聊的工作。"

接着，这个路人又去问另一位工人：

"您在做什么啊？"

"我在建造伟大的金字塔。"

以需要目标愿景的寓言来说，故事也可到此结束，但我还是想让第三位工人出场。

"您在做什么啊？"

"我在建造祝福上帝的高塔。"

换而言之，就是**使命**。

同样的工作内容，有些人只把它当成被老板指派的例行公事，有些人会展望目标并朝着目标努力，而有些人甚至会思考自己所做的事有何价值，并为了该价值而工作。

将这些替换为马斯洛的需求层次金字塔，第一个人是基于生存需求，亦即为了钱；第二个人是基于自我实现的需求；至于第三个人的状态，也有人将之比作马斯洛晚年才达到的所谓超越自我的境界。

不管如何，这里头哪个人能够最喜欢自己的工作应该再明显不过了。

就我的经验而言，不见得每个上司都会从整体大局的观点来告诉您各个工作的价值，有时也会让人觉得只是为了业绩。所以您自己必须要慎重考虑。

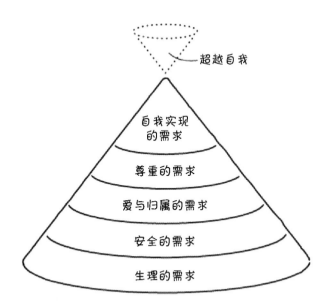

再怎么微不足道的工作，
也可能连接着为社会带来价值的伟大工作。

　　因此，即使面对的是同一份工作，也能稍微改变工作的
向量。
　　说不定那会是超出上司想象、更长远的向量，会产生超乎
预期的成果。
　　我认为，这就是所谓的"替工作创造价值，便是爱上自己
当前工作的方法"。

重点不在于做什么。
重点在于由谁来做，以及为何而做。

制造创意点子的公式

——令人意外的创造力决胜关键

虽然与"爱上自己正在做的事"有些不太相关，不过，在此，我想来谈一谈如何产生有创意的点子。

恕在下唐突，**所谓的创意或问题解决，诞生于知识及信息等各种素材的意外组合。**

要创造出意外的组合，前提是要拥有跨领域的广泛知识作为基底。但话虽如此，世上知识丰富的博学者中，却鲜有点子王。

所以，下一个问题就来了。

怎样才能找到令人意外的组合呢？

也就是，到底如何才能变得有创意呢？

这个问题就某种意义而言，正是商务人士的最大课题之一。我自己本人，无论以个人身份还是以经营者身份，又或者以实际负责编辑工作的人的身份来说，都是我的课题之一，我根本没有立场在这儿说大话，但基于偶尔受邀发表过的相关主题演讲，我把目前已知的部分整理后得出如下结论：

$$E = MC^2$$

是的，是不是和爱因斯坦的大发现很像。

这就是我模仿其理论而成的创意点子制造公式。

E 可以是能量（Energy），影响（Effect），也可以是引擎（Engine），什么都行。

C 的平方，这代表的是——

Collect（收集）与 Connect（关联）。

也就是**收集素材并关联起来**，代表各种材料之意外组合的创意准则。其中，收集的素材要越多越好。无论种类还是数量，都要越多越好。经验也越多越好。

而收集的方法就如前述，要有意识地扩大自己的兴趣范围。为此，向别的人学习是最好的办法，若觉得这门槛高到无法立刻办到，可从阅读开始做起。

人文科学、社会科学、自然科学、文学等，各个领域的名著全都读上一遍。此外，还有医学之类的应用科学及历史等。有些人说要读 500 本才行，但我认为，先读 50 本关于当前人文、社会科学、自然科学、艺术等的基础书籍应该就差不多了。

另外，还有电影、音乐、漫画的代表作（若是我，还会再加上流行时尚的知识），也就是所谓的博雅教育。至于到底读哪些书好，可参考敝公司 Discover 21 出版的《博雅教育的学习方法》。该书作者是我的高中同学前法官濑木比吕志。

过去，我一度忽略了所谓的教养或学术文化等部分（因为我这一代的老先生们，很多人在这方面都有高深的造诣），但或许是对此的一种反馈吧，**现在缺乏"教养"的优等生实在太多了，真的很糟糕，就算想要组合素材，素材也少得不行**，所以，我在这里特别要说一下。

素材的收集，理论上讲，只要花力气就应该有办法做到，但如何建立关联（即其意外组合）呢？

请注意 $E=MC^2$ 中的 M。

意外组合的关键就在这里。

M 是什么?

"问题意识?""目的?"(怎么突然变成日文[①]!)之前我在演讲时向听众提出这个问题时,台下冒出了这两个词的日文词汇。

我也觉得这个答案相当正确。**毕竟是先有想要解决的问题,是因为有了"想要这么做"的目的,才会产生出如火灾现场般超大神力的创意火花。**

就这层意义而言,虽然和 M 扯不上关系,但我觉得也该把"责任感"纳入考虑。当自己是负责人时,往往就会想出许多点子。因为无时无刻不在绞尽脑汁,不在想方设法在此条件限制下达成目的。

实际上,**解决问题,亦即新点子诞生的条件之一,就是要无时无刻不在思考该事项。**

老板兼社长(拥有公司且实际负责经营管理)通常都会最先注意到公司存在哪些问题,因为他无时无刻不在想着公司的事情。之所以说最好尽早负起责任,也是由于这个缘故。毕竟责任范围越广,思考自己管辖范围内课题的时间就会变得越长。

反之,之所以很难想得出好点子,与其说是因为缺乏创造力,倒不如说是因为觉得反正上面的人会做以及上面的人自有定见,总觉得事不关己,也没有想要积极参与。

---

① 译注:日文中"问题"和"目的"的英文拼音都以 M 字母起头。

可是，这样工作难道不会很无聊吗？

所以说，**创造力需要有问题意识及目的意识。**

而倒过来说就是，只要拥有问题意识，就可以在积极主动地解决问题的过程中，发挥个人和集体的创造力。

如此说来，那样的目的意识或问题意识，属于怎样的领域呢？

在此，我要公布 M 真正的答案了（但这也只是我个人的想法，并非举世公认的常识）。

答案就是，MISSION（使命）。

使命和目的有何不同？

在我的定义里，目的也包含自己赚大钱、自己功成名就等仅限个人或公司的目的，而 MISSION（使命），则更强调自己参与社会贡献的意义。

我们无法为了自己而发挥神力，但为了别人，我们可以拼尽全力，其实就是这么一回事儿。

在强烈的、伟大的使命之下，我们人往往能够发挥意想不到的力量。能够不受名为自我的小框架所制约，甚至超越所谓利己的阻碍。

如此说来，**创造力的决胜关键就在于没有私心的那种使命感。**

工作没有高低之分，但做的人不同，产生的价值不同

——请赋予价值给眼前的工作

那是发生在我 20 多岁担任杂志编辑时的事。

我因为欣赏其知性气质而起用了一位美日混血模特儿。这位模特儿明明还是新人，却从进入摄影棚那一刻起便筑起了高墙。

对摄影师和化妆师，她都只是表面上打打招呼，打完招呼后就一直自顾自地看书。显然，她显得心不甘，情不愿。

一问之下才知道，她正在准备大学入学考试，为了筹措学费才来做模特儿的工作。

当时，伊娜①还没有成为香奈儿的缪斯女神，"超级模特儿（超模）"一词还未出现，模特儿这个职业（就算是替香奈儿走秀的当红模特儿）的地位还很低。

她对打工当模特儿的自己感到羞耻，所以全身上下都强调着"我和其他那些做模特儿的轻浮女孩不一样"。

后来有了伊娜·德·拉·弗拉桑热。

由卡尔·拉格斐（人称"老佛爷"）成功复兴的香奈儿，说它建立在出身名门的伊娜担任模特儿的那 8 年也不为过（我是这么认为的）。而模特儿这个职业的地位，也是在那个时候建立起来的。

---

① 译注：香奈儿历史上首位签约专属模特。

实际上，很多职业都发生过类似的状况。

例如，超级美发师、超级甜点师、超级侍酒师等，一种职业的形象因一位巨星而得以改变，于是便突然大量涌现出向往该工作的人。

工作的价值由人所创造。
由热衷于该工作，
并以该工作为傲的人所创造。

不过，尽管再怎么有社会意义，对于如扫大街之类的工作，或许还是有人完全没有任何自豪感。这种感觉我懂。

因此，容我引用马丁·路德·金博士在其著名演讲中引用的无名诗：

> 假如你命该扫街，
> 就要扫得有模有样，
> 一如米开朗基罗画画，
> 一如贝多芬作曲，
> 一如莎士比亚写诗。

不用说，在当时的美国，所谓命中注定要成为道路清洁工的正是黑人。对此，他表示，**任何工作都有价值，价值是取决于做事的人，任何工作都可以很崇高。**

同时，他还把道路清扫工作的价值等同于绘画和音乐。
工作的价值，由做事的人和做事的方式来决定。

即相当于做该工作的人的自身价值。故就此意义而言，道路清扫与米开朗基罗、贝多芬的工作可谓同等。

正如前述，即使是**乍看相同的工作，但依据做事的人的不同以及所发现并赋予价值的不同，会变得大不相同。**

例如，饭店的门童。

一般来说，比起柜台工作人员等，门童可能是大家比较不愿意做的一种职业。

或许会被认为是全年 365 天，从早到晚都重复同样的工作。

据说，日本著名的大仓饭店曾经有一位传说中的门童，他记得数万名顾客及出租车司机的样子和名字，只要有机会见到第二次面，就能叫出对方的名字，因而深受诸多名流雅士的喜爱。

而且不只是名流雅士，就连坏脾气的客人、傲慢无礼的客人、喝得烂醉的客人、一看就知道不可能成为常客的客人等，虽然不是所有客人都是好客人，但不管是什么样的客人，他都全心全意地予以恭敬接待。

而我也听说横滨的新格兰饭店有类似的传闻。

这些人深知门童这一工作的使命，并赋予了该工作以价值。所谓的替工作创造价值，正是如此。

很多人之所以无法成为传说中的门童，想必是因为在内心**深处**，自己并不认为做门童这件事儿值得让人骄傲。

他们心里想的是，现在的自己只是一时的假象，并不是真正的自己。真正的自己不是门童，而是能获得门童高度礼遇的那一群人。

但，反正都要做门童了，
何不下定决心成为世界第一的门童？

不过，您得动作快，因为就算您想做，人家也不见得会让您做一辈子，说不定会被轮岗到别的部门。

这样一想，**就该珍惜今天，要赋予价值给当前的工作。**

很多时候，出类拔萃的道路清洁工或门童之所以稀少，可能是因为周围的人不会让他们这样一直做下去。

今日，在 IT 及金融相关、网络事业、咨询顾问等领域，不断涌现出各种以往不曾听过的职业及公司。不知是幸还是不幸，现在已变得无法像以前那样，单靠企业名或职业名就能大致推测出一个人的能力。

甚至还越来越频繁地觉得："哎哟，原来这个人在那家公司工作啊！看来那家公司也不怎么样呢。"

既然如此，反正连公司名都没听说过，也不知道工作内容到底是什么，那么何不努力让人觉得"既然是这个人在做，那肯定是家好公司，肯定是家有前途的公司，肯定是一份很棒的工作"？我想成为这样的人。

如何赋予价值给当下正在做的工作

——再怎么微不足道的工作都要有使命

该怎么做，才能给自己当下在做的工作赋予价值和意义呢？

主要还是要有使命与社会意义。

前几天，我去拜访一位准备创业而正在四处筹措资金的朋友，据说他已确定聘用五名学人工智能的应届毕业生。只不过这年头 IT 工程师本来就很抢手，拿不出一般员工的两三倍的薪水是雇不到的，更何况还是默默无名、根本还没开始、将来也全是未知数的新创公司！

当我向这位朋友请教他的招聘诀窍时，他的答案果然也是——"使命"。

他没有说"事业会变得多大"，而是提出使命"即将展开的事业对社会（对世界）的必要性和独创性。"

若能开发出实现该事业的技术，就等于是一肩挑起了社会变革，而这也能成为他们的通行证，通往其未来的创业之路。

毫无疑问，越是优秀的人，越会被这位朋友的使命感所打动。

所以，若您身为某人的上司并希望自己的下属能够有所成长，**就要跟他们谈谈工作，聊聊工作的意义。也就是要给现在正在做的事赋予意义。**若周围的人对您的工作没有提出任何说法，那就自己主动去赋予意义吧。

　　就像先前提过的，基本上，能够自行赋予工作意义并进而创造价值的人，才会成长。**再怎么微不足道且如齿轮或钉子一般的工作，若您能够试着俯瞰，从延伸或背景的角度来纵览工作的全貌，您就会成长。**

　　如此一来，您便能在其他人开口提要求之前，先主动确定出自己应该完成的任务，以免有被迫做事的感觉。若在此基础上还能够再增添一些趣味性，表明您还会继续成长。而这也能给眼前的工作赋予价值。

如何找到自己的使命

——不要着急，也可以随时更改

前面讲了使命有多重要，那么，如何才能够找到自己的使命呢？

当我试图为此寻找可复制的方法时，发现答案就在竹内明日香女士面向日本全国中小学举行的"演讲"巡回课程教学计划里。竹内女士是 alba edu——一家以推动演讲能力教育为目标的公益组织——的代表，我碰巧在日前受邀参加某活动时认识了她。

您想要解决的社会问题×您擅长的事

首先，列出目前世上有待解决的事项。

接着，针对这些事项，思考自己能够做些什么。

据说，这些就可能成为自己"喜欢的工作"。

这不正是我所说的使命吗？

虽然打从一开始就说"要以兴趣为工作！"但事实上，大多数孩子根本不知道自己喜欢什么。

最多也只能说出想成为偶像，想成为视频博主，想成为倡导新消费方式的创业者，想当医生或公务员，然后就没有然后了。

然而，若是从社会问题切入，就不一样了。

若是从社会问题切入，便会思考自己对这个世界能有怎样的贡献。

　　我认为，使命感之所以强烈，正是因为真切感受到了自己对某人有所帮助的自我肯定感。

　　所以，**既不必急着寻找使命，甚至还可以随时更改使命。**

　　毕竟，作为学生，能够注意到的社会问题往往有限。一旦对世界了解得越多，所看见的问题就会变得越来越具体，到时候再开始寻找使命，也不迟。

二流凡人与一流凡人的主要差异

——"想要做"与"须得做"的问题

话说，若是真的找到了自己喜欢做的事和想要做的事，那真是可喜可贺！

在这世上，绝大多数人都没有什么特别想做的事（不想做的事倒是挺多！），更别说是从事自己喜欢的工作了。所以，有想要做的事，而且还能够实际从事该工作，真的是非常幸运（我可不是在讽刺谁）！

接着，就希望您能一直持续做"我想要做（I WANT TO）"的事！

因为，即使是我们基于自己的兴趣且并未被任何人强迫而开始做的事，也会不知不觉地变成必须得做（I HAVE TO）的事。

就像当初觉得"想要做"而花了大把钞票加入的健身俱乐部和钢琴课程等，每到假日，却成了令我浑身不自在的根源。

总觉得还是得去一下，必须得去弹一下。

最常发生这种现象的，非工作莫属。即使是向往已久、好不容易才如愿以偿获得的工作，是不是不知何时却也成了"须得做"的事？在工作上我倒没有这个问题，现在依旧是因为想要做而做。

　　放着不管，就会从"想要做"变成"须得做"的，是凡人。

　　能够一直维持"想要做"状态的，才有可能成为一流的人。

　　那么，如何能够一直保持"想要做"的状态呢？

　　那是每一次在每个瞬间进行持续选择的结果。

　　一次又一次地选择"我做这个，是因为我想要做"。

　　换句话说，"想要做"是主动的、积极的，是自行选择且后果自负的。而相对于此，"须得做"则是有某种程度上的被迫，散发着受害者的气息。仿佛责任是在自己以外的某处，在某人身上，所以，在不顺利的时候，也总是表现出"不是我的错"的态度。

　　简而言之，容易让"想要做"变成"须得做"其实是我们的一种自我保护机制，是为了在失败时也不至于自我否定、陷入严重沮丧的安全保障，是一种风险回避。

　　但这么说来，难道任性地做自己想做的事，是比为了家人等认真地做不得不做的事还要伟大？对于这点，想必很多人也是无法接受的。

　　能够把"想要做"变成"须得做"的许多人以及能够一直维持"想要做"状态的人，其实都是凡人。能够把"想要做"一直维持在"想要做"的人，充其量也只能说是一流的凡人！

　　真正一流的人，能够把"须得做"变成"想要做"。

　　就算是"须得做"的事，也能转变为"想要做"的事。

　　亦即**主动、积极地把事情当成自己的选择**。

　　那么，我是哪种人呢?

　　我是一流的凡人，有时也是一般的凡人。然而，或许也一度成为过一流的人!

瞬间落入不幸，还是
需要花些时间但能够获得幸福
——要选择一切都由自己来决定的方式

我十几岁的时候，有一部很火（至少在美国和日本都大受欢迎）的电影叫《爱情故事》。

这部电影以哈佛大学的校园为舞台，男女主角彼此一见钟情但因门第差异而受到反对，婚后不久，女方很快就因白血病去世，可以说是罗密欧与朱丽叶再加上不治之症（多半都是白血病或骨髓瘤之类的，而且死的是女方）的双重不败情节，再搭配当时深受大众喜爱的弗朗西斯·莱①创作的甜美的旋律，堪称正统中的正统爱情故事。

如此策略虽然大家都心知肚明，但还是彻底地深陷其中，比如一看到洛克菲勒中心冬季溜冰场的情景，便不自觉地心头如小鹿乱撞，有这种感觉的中老年人想必都看过这部电影。

而且，电影的宣传语也相当有名：

"Love means never having to say you are sorry.（爱到深处无怨尤）。"

---

① 简体中文版编注：Francis Lai（1932—2018），法国作曲家，以电影配乐闻名，凭借电影《爱情故事》获得了 1970 年奥斯卡最佳音乐、原创配乐和金球奖最佳原创配乐。影片主题曲"我从哪里开始"是安迪·威廉姆斯的热门单曲。弗朗西斯·莱的奥斯卡获奖作品还有《少女情怀总是诗》（1977 年）、《法国十三天》（1968 年）以及《一男一女》（2015 年）等。

其实我的信念之一正是，

要无怨无尤。
要做出能够不后悔、能够无怨尤的决定。

现在想来，说不定这正是十几岁时所看的这部电影带给我的影响。

姑且无论是否对爱情无怨无悔，但我到现在为了避免后悔而做的事，都是所谓**"自行决定且后果自负"**的事。

要做重大决定的时候，不管再怎么广泛征求其他人的意见和忠告，最终还是要基于自己的意志来主动决定。

如此一来，即使最后以失败告终，也不会后悔。

反之，若是在惊慌失措、毫无信心的状态下听取别人的意见，而且并没有真正把那样的意见当成自己的选择，这样做决定（在这种情况下，结局通常都不会令人满意）的话，就会后悔。

不是对结果感到后悔，而是对非责任自负的决定感到后悔。

我之所以能够如此肯定地说出这番话，当然是因为自己有过亲身经历，而且是很沉痛的经历。虽说就结果而言，算是好的，正因为有了那次的失败，才有了 Discover 21 的创立。然而，对于那次决策的过程，我至今依旧感到后悔。

我并不是说听取别人的意见不好，问题并不在于相信他人并试图听取其意见。

当时，我并没有把那个人的意见当成自己的责任来主动选择，换句话说，问题在于我不是自行选择了要听取那个人的意见，而只是照着那个人说的做了而已。

简而言之，其实是**在某个程度上对决策、其结果以及所发生的事放弃责任，而把责任推到其他人的身上，这一点不好**。

这是会导致后悔与遗憾的。

在商业决策上也一样。当然，身为社长，从小决定到大决定，我做过无数个决定。

例如，日常工作中的小决定，像首印量与是否重印以及最终的设计决策等，老实说，除了某些绝不退让的特定坚持之外，我多半都会尊重实际负责人的建议。可是，当书籍因此而卖不好时，尽管嘴上说我做的决定我个人承担，但心里却忍不住责怪负责人（这样的我真是太小家子气了）。

如此说来，

会让人瞬间落入不幸的方法之一，
就是后悔。在此前提下，不要自己做决定。

可能需要花些时间但能够获得幸福的方法，就是**积极主动地自行决定，且后果自负**。

这样一来，无论结果如何，都能够带来自信，能够让人自我肯定的，就能让人感到幸福。

附带一提，可以积极主动地自行决定、选择且后果自负的，不仅仅只限于事。

　　曾经是新潮年轻僧侣第一人的小池龙之介[①]，就连痛、痒等感觉及生理反应等也都自行选择，声称自己能够没有感觉，即使有只大蚊子停在额头上吸血，他也一副若无其事的样子，任由蚊子吸个饱。

　　如此境界，我们这些一般人虽然无法达到，但套用在情绪方面，或许是可以理解的。

我们也会选择自己的情绪。

　　现在的不爽，伤心难过，怨恨父母给自己的长相、体型、记忆力、运动能力等，也都是自己情绪上做的选择。这是我从 Discover 21 董事长同时也是日本企业教练界第一人的伊藤守先生[②]身上学到的众多智慧之一。

即使在相同的状况下，
每个人所感受到的情绪也不见得相同。
这不是个性的问题，
而是选择的问题。

　　如此想来，我们对自己的情绪也是能够负责的。由此可知，包括情绪在内，控制权就在我们自己身上。不用找任何借口。

---

　　① 简体中文版编注：生于 1978 年，日本东京大学教养学系毕业，现任东京月读寺住持和正现寺副主持，被大家称为"当代一休"，简体中文版译著有《不思考的练习》《和你的情绪聊聊天》《平常心》《不纠结的修行》等。

　　② 译注：代表作有《兔子，我要您更优秀》（简体中文版书名）。

所以，

要选择一切都由自己来决定的方式。

这或许是得到幸福最好的办法。

之所以说"或许"，是因为不同于先前提到的"无怨无尤、不后悔"，我还没能完全达到这种境界，故无法断言。但我想，这应该极有可能是对的。

立即果断地做出决定，也是一种习惯
——正是在这种时候才最需要发挥逻辑思维

那么，总是无法独立做决定的人或者优柔寡断的人，该怎么办？

这种人就只能练习，别无他法，**因为做决定也是一种习惯。**

从小就被要求自己拿主意的长子或长女（要去哪里和想吃什么等，通常其意见比弟弟妹妹们的更受尊重）以及担任过班长、社团活动的社长等职务的人，就"习惯"而言，或许是有优势的。

若这些优势都没有，那您就只能拼命地刻意练习。

午餐的菜式和晚上的聚餐地点等，请从日常琐事开始"积极主动地自己做决定"。

一开始的时候，靠直觉即可。

接着，再针对稍微大一点的课题，练习做出不后悔的决定。

这时，基本的逻辑思维非常有用。

没错，就是那个"互不重复且毫无遗漏"的 MECE 分析法①。

---

① 简体中文版编注：由麦肯锡首位女性咨询顾问芭芭拉·明托提出，即"Mutully Exclusive, Collectively Exhaustive"（相互独立，完全穷尽）。MECE 读音同"Me see"，一共有四个步骤：确定范围；寻找合适的切合点；找出大的分类后进一步细分；确认没有遗漏或重复。

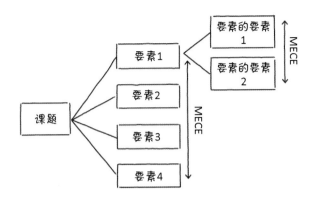

　　在此，我尝试以"有重复没关系，但确实毫无遗漏"的方式来列出所有选项。

　　要想毫无遗漏地列出所有选项，就使用逻辑树。

如果这样的话，然后又如果那样的话……

　　基本上，就是把各式各样的可能性一一列出来，然后从中得到最佳选项。只不过，逻辑上看来，最好的选项并不见得是最合适的，最后也可能又是凭直觉来判定的。

　　尽管如此，**最好还是先运用这种逻辑树把选项毫无遗漏地列出来（即使只是在思考）**，以免后悔。

　　这样一来，就算结果不理想，也能接受，因为是当时考虑过所有选项之后所做出的选择，甚至即使最后以不合逻辑的方式做出选择，您也能认同当时确实觉得该选项最好，确实是自主决定的，而且甘愿后果自负。

　　另外，还有一种和逻辑树类似的东西，叫议题树。

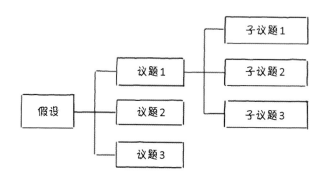

　　议题树适用于问题大到令人不知所措而需要分解到能够逐一加以处理的多个小要素时。

　　因为实际上，困扰我们的问题多半都不是什么单独的一个大问题，而是好几个纠缠在一起的问题。

　　如果觉得工作很无聊，就试着分解，然后逐一思考解决方案。最后剩下的要素是什么呢？

　　逻辑思维中还有一个很有用的东西，叫批判性思考，可以用来厘清问题到底是什么，从而更贴近问题的本质。例如，自己现在的问题真的是出在工作方式上吗？

　　如此看来，商业上的问题解决技巧其实对人生的决策、日常生活中的决定及问题解决，也很有帮助。

　　无论是在商业上还是在个人领域，决策的基本原则都是一样的，

**先以逻辑化的方式找出可能的选项，
最后，跟着感觉走，做出选择！**

第 4 章

实现梦想

梦想我不懂，但我知道理想、野心及遐想

——与其勉强寻找梦想，还不如成为某人的梦想！

"实现梦想"和"以兴趣为工作"一样，都是让人陷入不幸的漂亮话。

一旦有人提到"您的梦想是什么？""为了实现梦想"又或者"要拥有梦想"什么的，就会令某些人感到困扰。

仿佛没有什么特定梦想的自己有着某种缺陷，觉得"大家都怀抱着梦想努力打拼，但我却……"于是不由得开始自卑起来。

这种感觉非常真实，因为我本人就如此。

一旦开始做杂志，就会冒出具体想要实现的策划和想要进行的新的尝试。

一旦创立出版社，就想要在全国各地的书店拓展 Discover 21 专区、想要做出百万现象级的畅销书、想让 Discover 21 这个品牌闻名全球……"梦想"不断在扩大。

每次策划，都想将这些信息尽可能传达给许多人，想要改变学校教育、想要改变医疗、想要改变法律等，为理想而燃烧激情。

但严格来说，**这些并不是梦想，应该是属于企业经营的愿景**或者个人的短期目标。

绝对称不上"这辈子活着就是为了实现它"的那种梦想。

年轻时的我，只梦想着能过上这样的生活：不必为了想买某件衣服而犹豫数日后最终还是忍住没买。我没有想过要消除烦恼，相反，我只是想做一个知性优雅、风姿绰约地穿着香奈儿的自己，仅此而已。

即使如此，我竟然也走到了今天这一步。虽说只是这个级别，但对于认为这级别已经很棒的人来说，难道不是个好消息吗？

就算没有可以滔滔不绝和高谈阔论的梦想，只要开心地尽力做好自己该做的事，愿景便会适时地自动浮现，目标也会一个接着一个地展现。

到那时，那个"目标"便会通往"使命"。

**使命可以事后再补，或者暂定也行，
更可以随时更改。
但，总之最好还是有个使命。**

而在"这个不太对，那个不太好"的改变和调整过程中，渐渐就能看清自己的方向。

不久，在那前方，像是梦想的东西便会隐隐约约地显现。

就算没看见，也没关系。
那些崇拜您的人终究会出现的。
那种"这个程度我或许也能做到"的"后浪"肯定会现身。

**与其勉强寻找个人的梦想，
还不如成为别的某个人的梦想！**

缺乏企图心的人动力从何而来

——即便没有很大的野心或梦想，也能相当长远、持久

如果没有梦想，到底要以什么为动力？

若各位愿意听我聊一下自己，那么我就来和大家谈一谈。以我而言，我其实没有什么"梦想"，也没有想要成为有钱人的野心，没有想要成名的欲望，甚至没有想要拥有权力好从当初瞧不起自己的人那里争回一口气的典型企图心。

更别说像男人一样想要通过成就来获得个人魅力，进而直达儿孙满堂之幸福人生，或是交到个明星女友、娶个花瓶嫩妻以争取抵达同性社会金字塔阶级中的最高层级。基本上以女性来说，成就不仅无法增强个人魅力，甚至还会削减魅力！

那么，我的工作动力到底从何而来？？连我自己都觉得不可思议。

我想，**最初的动机恐怕是"自立"。**

脱离原生家庭的自立，不靠男人的自立。能够自己赚钱并把钱花在自己喜欢的事物上的经济自立。能够不被呼来唤去，对自己认为好的事情、觉得正确的事情，能够责任自负地执行。不必因为跟这个人分手就会活不下去而只好忍耐，能够不依赖于任何人的精神上的自立。

就是为了这个，在我上高中的时候，我就决心要一直工作下去。然后和可能达到此目标的人结婚，并选择可能达到此目

标的职业（我本来是这么打算的）。

如今，无论您想不想要，除了极少数非富即贵的人，大多数女性婚后仍然继续工作。因此，对于不靠男人（亦即不靠老公）的自立这种说法，绝大多数人可能都没有什么感觉。

但对于泡沫经济之前、适逢大环境高度成长期的日本女性来说，其实这样就算是相当大的"野心"了。

当时还没有《男女雇用机会均等法》[①]，除了医生和律师等专业的自由职业或理工类的专业人士，女性即使是从四年制的大学毕业，基本上还是被视同两年制的专科职业院校毕业，只能担任现在所称的一般内务性职务。

打从起薪开始就与男性不同，更何况那时的招聘不是通过研究生或社团的学长来找人，就是经由学校或介绍人推荐，亦即通过内推来应聘是常态。因此，虽不必像今日这样动辄投简历给上百家公司，但反过来说，就算您想要，也办不到，尤其是女性。

在这种情况下，包括教师在内的地方公务员、国家公务员以及大众传播等媒体相关行业至少在入口处假装男女平等，尤其是公务员考试，任何人都能够参加。所以，我不过是应聘在国家公务员及出版社后选了看起来比较绚丽多彩的后者罢了。**成为编辑，甚至成为出版社的社长，根本就不是我的梦想。也不是我的目标。**

---

① 简体中文版编注：此项法案 1985 年通过，明令禁止在劳务合同和薪酬上男女有别。

至于出版社，虽说从创业初期开始，实务上就是由我一个人包办，但这件事也并不是因为我想独立创业而开始启动的。

是因为有人找我去做并把当下时需要的都已经替我准备好了。我只是想搭上那个人（也就是伊藤守先生）所讲述的"梦想"，这根本也不是由我自己描绘的愿景。

当然，自从开始创业，愿景便一点一滴地变得越来越明确，而我也开始思考 Discover 21 之于社会的意义，亦即使命。虽说一旦化为具体语言，它也就成了我个人的使命，但我最初的"动机"其实是"自立"。

所以呢，告诉您一个秘密，那就是我真的不懂为什么一定要思考"工作的理由"（虽然我们公司有好几本同类主题的畅销书）。**因为不管什么理由不理由，首先，"工作"是"自立"的必要条件!**

尽管不完美，一旦创立公司并开始发展业务，自己的自立就变得无所谓，为了让公司独立和成长，必须不断地输出能量。

这时又需要不同于校招新人的"动机"或动力。如果这些动机并不是娶到花瓶嫩妻，也不是拥有登上《福布斯》等杂志上的那么多资产呢?

回想起来，近 30 年发生了很多事，但让我始终能积极向前而且有时甚至是斗志昂扬地做到今天的主要动机或动力，应该有两个。

说是动机，可能有些勉强，或许只能算是单纯的制约反应……那就是**"抗拒心态"**和**"叛逆心理"**。那是一种对既有观念、既得权利体制成前例主义①等制约反应式的反叛心理。

　　例如，原本不过是区区一名杂志编辑的我，是在创立Discover 21后才了解某些出版发行机制的。简而言之，就是拥有既得权利的出版社和新加入的出版社，两者在交易条件（折扣比例及付款地点）上有巨大的差异（新兴出版社在既得权利方面毫无希望，而不是在销售方面）。

　　当初，作为毫无门路、从零开始的新兴出版社之惯例而发展出的"直销"（亦即不通过经销商而直接与书店交易），后来一直彻底执行，结果我们甚至成了出版界数一数二的直销出版社，虽说这应归功于全体员工的努力，但其中的许多阶段，也确实是我这种制约反应式的反叛心理在背后促成的。

　　而另一个动机大概就是"**责任感**"。

　　虽然我不像同龄的男性必须负责养活妻小，但对于愿意选择进入我们这家名不见经传的小公司的员工，以及将经营权托付给我的幕后老板伊藤先生，我都有责任。甚至对于已经感觉像是一个活生生的有机体公司本身、对于 Discover 21 这个品牌本身，还有此品牌所面对的读者，我也都感受到了责任。

　　这么一想，我就觉得自己似乎能够体会男人那种工作再辛苦也要保护妻子和守护家庭那种为了"责任"而活的感受。看似辛苦，但这里头其实也包含一份丰厚的回报，那就是能够沉醉于"履行责任的自己"这一成就感之中。

---

　　① 简体中文版编注：日本司法制度和政策程序中的前例主义，是指凡是有先例，此后类似的案子都可以参考此例进行处理。

即使没有远大的野心及抱负、企图心或伟大的梦想，
人还是能以各种事为动力来完成许多事情。
所以，别把没有企图心或梦想，
当成自己缺乏动力的理由。

不过，话又说回来，要是我有那么一点点跟男性一样的、俗称的野心（例如挪用公司的数十亿日元资金，在凡尔赛宫与外遇的对象举办婚礼），或许能把公司做得更大。

做，没有理由，但不做的理由却很多。
所以，就只管去做吧

—— 一旦开始思考工作的理由，那可就要小心了

到底为何而工作?

这个问题，我想每个人都应该思考过。

这和"到底为何而活?"一样属于哲学议题。

换句话说，这正是在精神上处于沉溺状态的证据!

当一切顺利的时候，一般人根本不会想这种事。就算是想了，多半也只是事后附加理由。

我隐约记得有个哲学家在书里说过一句话:"哲学家是指不持续思考便会沉溺的人。"这让我莫名地松了一口气。因为在那之前，对于所谓的哲学家以及哲学家所说的话，我总是有一种自卑感。

工作的理由、活着的理由、爱您的理由、结婚的理由……

不管怎样，当您开始思考"理由"的时候，通常就需要格外小心了。

想要做任何事的时候，根本不需要理由。人往往是回过神来才发现自己已经在做了。因为想做，因为无法忍住不做，因为无法放着不管……

做，不需要有理由，
不做，才需要有理由。

所以，要是您开始思考"理由"，那可就要小心了。首先，

不要太深入地探究理由。此外，还可以尝试多活动一下身体。

接着，要思考方法，而不是思考理由。
要想出更好的办法。

怎么做才能让自己当前所做的事进展得更顺利呢?
那就是,

思考做这件事的意义及目的。

不是思考做的理由，也不是思考工作本身的意义。
而是思考工作的社会意义、使命。
也就是要将思维朝外扩展。

通常，思考"理由"的时候，思维是朝向内侧的，会让人不断陷入自己的世界。
而在思考"意义"和"方法"的时候，思维是朝向外侧的。
如果朝外和朝内能够交替平衡的话，当然很好，但大部分人都容易偏向其中一方。
以我个人来说，通常是容易偏外。

问我工作的理由? 这个嘛～
基本上，除了拥有非劳动收入的人、受家庭成员（包括配偶在内）抚养的人，大多数人都必须为了生活而工作。

为了什么工作? 废话，当然是为了生活啊!

这是马斯洛需求金字塔的最底层呢!

底层就很好了。为了生存需求而工作就已经很棒了。

那么为了什么而活？这个问题嘛，想想其实没什么意义。从地球的角度看，从宇宙的角度看，我们和那些蝼蚁并无不同。意识到这一点的时候，就已经是活着的状态了。

而反正横竖都已经活着了，就想要开心地、幸福地活着。

人呢，不就是这么一回事儿吗？

虽然我不知道"活着的理由"，但很清楚
自己为何现在还活着

——反正都要活，何不活得快乐些？即便是为了
自己周围的人

所以呢，比"工作的理由"更恼人的，就是"活着的理由"。
若您正在思考这个理由，那还真是相当不妙。

因为人在幸福快乐的时候，
是不会思考"理由"的。

基本上，"思考自己为何生在世上"的行为，会给人一种
自我极度膨胀的感觉，令人忍不住想要吐槽："您真有这么
大咖就对了！"

废话，那不就是个偶然吗？！

和毛毛虫或猫猫狗狗有何不同？

厚脸皮也要有个限度，自我意识再怎么强，也该适可而止。

抱歉，您生在这世上根本没有理由。
但您到今天都还活着，确实是有理由的。

那就是，现在有人因您活着而得救，未来也可能有人因您
活着而得救。

或许有人因为您偶尔展露的笑靥而得到救赎。

反正都要活，何不活得快乐一些呢？此外，活着也是为了

自己以外的人。

也是为了能够看见您的、在您周围的所有人，虽然只要不照镜子就不必看到自己，但您周围的人可是抬头或低头都能看见你！

不要尽说那些不着调的，干，用结果来说话

——积极行事也可能遭厄运，
但若是什么都不做，就什么都不会发生

所谓"做的理由，不做的理由"这种问题，其实和"做得到的理由，做不到的理由"也相当类似。

从大规模的工作项目，到家具 DIY 组装时有零件缺漏等日常生活中的小事，都能看出世上有两种人。

一种是以"做得到"为前提来思考的人。

另一种则是以"做不到"为前提来思考的人。

不用说也知道哪种人才是人生赢家。

若您想成为以"做得到"为前提来思考的人，那很单纯。不一定简单，但确实很单纯。

❶ 请使用"如果做得到"的说法来取代"做不到"。

❷ 不管多么小的事，总之都要实际动手试试。

❸ 看看结果，接受反馈意见，然后再次尝试。

写完这几点后我突然发现，这不正是最近流行的"设计思维"吗？

与其说是设计师的做法，实际上或许更像是手艺人或职场人士等的工艺制作方法。

　　有时再怎么用脑都想不出解决方案，然而一旦动手尝试，不知怎么的就顺利解决了，又或者在动手的过程中，自然浮现出下一个构想。

　　换而言之，只要开始尝试，便有机会产生几乎所有伟大（如诺贝尔奖等）发现、发明都必不可少的机缘巧合。

**积极行事也可能遭厄运，
但若是什么都不做，就什么都不会发生。**

　　正因为有行动，才会有意外，才可能突破现状。

　　光坐在那里空想的话，什么事都不会发生。原因和理由，都可以从结果去思考，一如许多伟大的发现。

机缘巧合诞生于实践过程，而非思考过程。

　　我的这种行动重于思考或说行动就是思考的信念，也许正好展现了世世代代在不知不觉中所受到的存在主义与实用主义的影响。

　　若是将"思考"换成"想法"，也是一样的道理。

**再怎么有想法，若不转化为行动，
就无法对现实造成影响，就无法让对方知道。**

　　即使懂得这个道理，却仍然无法采取行动，主要是害怕说出来后对方的反应可能会让自己接受不了。比如，与其提出约会的请求可能遭到对方的拒绝，还不如继续沉浸在"搞不好还有希望"的幻想中……

　　与其认真做了却失败因而暴露自己的实力，那还不如活在"我要是认真起来、那可不得了"的幻想之中……

　　不管如何，积极行事就像狗走在外头，遭到棒打还算好的，甚至还可能被车撞到。也可能掉进水沟，或是被拿石头的坏孩子攻击（最近可能不太有这么坏的小孩了）。总之，就是很危险。

　　行动必定伴随着大小不一的风险。

　　因为行动或多或少都会影响现实，创造出一个不同于目前的状态。

　　不同于目前，也就是未知，而未知永远都会带来或多或少的忧虑和不安。

　　如果只是想象着"要是事情变成这样的话，怎么办……"，当然是没有危险的。然而在现实生活，哪有什么棍棒，即使美味大餐或美好对象并没有那么常见，遇见醉人夕阳或芬芳花香的机会显然也是多得多。

　　反过来说，我根本不相信止步于想法的论述。

　　因为那改变不了现实。

　　因为那没有承担风险。

　　因为，不承担风险而且只待在安全的地方，和那些人在电视里恣意批评、乱掰瞎扯（当然不是全部的人）没有两样。

　　至少在工作上，只有输出的部分会被别人评价。

意思就是，谁愿意花钱去买"其实本来是想做得再好一点"的半吊子产品呢？不过，最近听说在美国，特斯拉直接销售测试版的汽车，然后再依据客户意见持续改良，像这样新鲜的做法并不罕见……

不管再怎么强调"其实我这个人很会做事"，若没有实际的行为表现，老板也没办法雇用您。

在 20 世纪 90 年代中期，日本有一部电视剧《无家可归的小孩》非常走红。

我自己没看过，但这部剧的主角是当时年仅 12 岁的安达佑实，她说的那句台词实在太有名，所以我一直记得很清楚。

"同情的话，就给我钱！"

对！就该要得这么干脆！

两种类别的书

——说一百次"我爱您"，不如直接给戒指！

世上有两种类别的书。

一种是能够感动人的，一种是无法感动人的。

而所谓的感动，不只是泪流满面或内心激动不已的那种感动。虽然也包含这些，但这些并非全部。
意思就是……

能够感动人的书是指，**有感觉并且行动**。
也就是能让人采取某些行动的书。
采取行动，从而使状态有所改变。
换而言之，就是能够改变观点的书，能够为人们带来新的观点。
其实，这也正是 Discover 21 的口号。

改变观点，改变明天。

观点一旦改变，就必定有伴随感动而来的"啊哈！"之类的顿悟或者新发现。

人们经常会说："我发现……"但怎么判断自己是真的发现了还是仅仅觉得是自己似乎是发现了？

让我教各位一个好办法。那就是……

依据之后的行动有无改变来判断。

如果没有任何变化，那就只是错觉，是误会。

即使是所谓"感动人心"的名著小说或电影戏剧，读过后或看过后哭得唏哩哗啦或赞不绝口，自以为真的被感动，但若是过个半天便忘得一干二净，行为或想法上都没有任何改变，那就说明并没有感动到您并改变您的观点。

从小习惯于重大的社会变革，所以我一直都以做出能让人采取行动的书籍为目标。

我一直认为，出版能够提供新观点或以往从未发现过的隐藏观点的书籍，正是 Discover 21 存在于世上的意义（若非如此，那么有其他出版社的书对读者来说就够了）。

例如，就算是学术文化类的书，我们也倾向于出版输入文化素养后能够为这个世界带来某些输出的书，而不是专门为文化造诣高深的老先生出版书（Discover 21 的商标就代表了这样的"行动"）。

具体说来，到底该怎么做呢？

在技术上有很多做法，但底层逻辑和其他事一样。

就是要以之为目标。

要从头到尾，不忘以呼吁人们采取行动为目标。

策划就不用说了，从内容架构到落实细节，全都要彻底落实。

以读者为中心。

用先前提到的《无家可归的小孩》那种风格来讲，就是……

说一百句"我爱您"，不如直接给我戒指，
说"我很厉害"，不如直接给我工作，
说一百次"看起来很棒"，不如直接给我买下！

"想法"是否成真

——"想做"只是单纯的愿望，甚至连"想法"都算不上

再怎么有想法，如果不采取行动的话，都不可能实现。

有一句自我启发名言说的是"想法会实现"，但这句话其实只说对了一半。

想法之所以会实现，是因为该想法在有意无意中，对一个又一个的行动选择造成了影响。

换而言之，是在导致了行动之后，想法才会实现。

完全不采取行动的话，想法不可能实现。

而自己从来没想过的事情，要喜从天而降地意外实现，基本上是不可能的。

无论是机会还是机缘巧合，
都是落在准备好的人身上。

即使是意想不到的快乐，也是因为有那样的想法再加上行动才实现的。

我心目中的"理想公司"现在已算是成形，而 Discover 21 之所以不是索尼互动娱乐那样年营业额 1000 亿日元的公司，正是因为我从来没有过那样的想法。就这层意义来说，反映了身为经营者的我，格局太小。

虽然我也不知道如果当初就想过就能使今天的 Discover

21"成为上千亿日元的公司"，但即使每年都侥幸做出一本百万级畅销书，我也不认为就能让它跻身于 1000 亿日元级别的公司。

> 想法不一定会实现，
> 然而，从没想过的事，也不会意外实现。

在 Discover 21，每个月全体员工例会后有一段分享时间。当会议一结束，大家便围成一圈，每个人轮流分享自己现在所想的事。这个活动从员工还不到十人时就开始执行，近年来已有近百名员工，所以圈圈变得相当大。

针对发言内容，我基本上要求大家注意三点。

❶ 声音不能太小（以免无法分享给大家）。

❷ 不要讲太久（一个人若讲 30 秒，90 个人就要花 45 分钟。一个想法、一句话，电梯演讲那样的 10 秒就能够传达清楚）。

❸ 不要以"我想做……"的方式来宣告目标。

其中又以❸特别重要。

> "想做"只是单纯的愿望，
> 甚至连"想法"都算不上，
> 根本不是目标达成宣言。

这时，必须要说"我要做……"

如果我不提醒的话，员工们十有八九都会说"我想做……"，例如"这个月，我想拿下 10 个新的项目"。

只是许愿的话，我也很想这样讲啊，例如"这个月我想年轻 10 岁"！

谈论梦想固然是好事，但若真的想要实现它，请大声说："我要做……"然后对结果负责。

所谓的负责，并不是负责被骂。

而是无论达成与否，都要面对结果并进行仔细分析，然后将经验应用于下一次行动。

只要这样反复实行，想法肯定会实现！

第 5 章
模　范

没有模范？可以是机会，但不能成为借口
——与其寻找模范，还不如成为大家的模范

先前在激励各位"要成为某人的梦想！"（第 4 章第 1 篇）时，让我联想到了"模范"一词。

不知何时开始，"模范"一词被频繁用于职业生涯理论及员工培训课程中。

会不会是从职业顾问出现时开始的？至少我年轻时还没有（实属万幸）。

不过，偶尔还是有人会问我："干场女士心目中的模范是谁呢？"这真的让我无言以对。

我这个人呢，基本上是标新立异，怎么可能想要跟别人一样？！作为一个信奉"做出差异性，说出不同意见，采取不同观点，活出不同人生"的人，对于这个问题，我实在答不出来。其实我也没有多特别，只不过我的青春就是在那样的时代度过的，那个时代的主流是"什么都反对"，而今天似乎以同温层为主流，两种风气刚好相反。

因此，我一般都会如此响应："我只有在服装方面有心仪的模范，比如美国前国务卿赖斯、英国前首相梅、美国版《服饰与美容》(*VOGUE*)杂志的主编安娜·温图尔。"

但无论如何，将某人视为模范或崇拜某人并不是坏事。

而我之所以觉得"模范"一词会使职场人士瞬间陷入不幸，

是因为这可以被作为逃避的借口。

至于到底逃避什么呢？就是逃避"克服各种障碍并找出新的工作方法"。很多女性容易这样。

其实，"模范"一词的流行，似乎是从领导力发展训练等课程开始的，旨在教您更自觉地选择模范并加以分析和学习。

那个时候的问题是，女性基本上很少有可以选为领导者模范的女性前辈，自己往往就是第一人。即使被要求"力争上游"，情况也不同于已经有各种模范的男性群体。

若是将一些经常被媒体提及的女性名人列出，然后问她们这位如何。得到的响应往往是"感觉她像是另一个世界的精英，离我们太远了，这么特殊的人无法作为参考"。

若是再问那么那位呢，则又会有人回答说："感觉她是个为了工作而舍弃一切的人，我不喜欢这种人，现在不流行这一套。"总之，有各式各样的说法。

但如果是这样的话，我想说："简而言之，这不就是您以普通的主管级职业妇女姿态让众人来效仿的好机会吗？！"

正因为面对的是没有模范的领域，
所以您才有绝佳的机会成为先驱！

这可是**做出差异化并创造自身稀有价值的机会啊！**

就在我宣扬此论点之际，这 10 年来，各个领域果然都冒出了许多活跃的女性。

而在男性，也出现了请育儿假的社长、才 20 多岁就已经创立好几家公司且并购其他公司而成为大富翁的人，甚至是从东大毕业进过大公司后又转行当艺人的人，各式各样的"首创"被媒体炒得火热。

这些男性并没有去寻找模范，而是不断依据每一次的不同状况来做出自己认为的最佳选择，结果就成了众多后辈的模范。

所以说，"模范"一词之所以会让职场人士瞬间陷入不幸，并不只是因为它能成为不去实行的借口。

还因为这 10 年来，考虑到世界急剧加快的变化速度，**活跃于上世纪日本黄金年代的前辈，他们的行为与思维模式早已经落伍了。**

尤其，若那变化是连续性的、线性的也就算了，一旦为非连续性的，就真的是完全没辙了。这样说来，累积了相当职业生涯的我——虽然事业不算大，但年资挺傲人，毕竟是活在过去商业模式中的人，所以无法成为年轻人的模范！真抱歉，请别见怪。

当然，就人类不变的本质或者自行创造出变化的方式等而言，别说 10 年，即使是 100 年前、1000 年前的伟人，想必也还有很多可以学习的地方。

但，这并不是一般职业生涯理论中所说的模范。

此外，近来听说也开始有人建议不要只有单一的全面型模范，而要分别有多个模范，像什么做简报要学这个人，策划案的写法要学那个人，就家庭的理想状态而言又是学另一个人，还有说话方式及姿态举止的模范、流行时尚方面的模范等。

　　不过，各取所长，分别从各个不同的成功案例中学习，本来就是理所当然的事，我觉得似乎没什么必要特地搬出模范这样的字眼儿。

　　所以说……

与其寻找模范，
还不如成为大家的模范。

跟谁都能学，什么都能学，又或是半吊子优等生仅止于半吊子的理由

——对于自己不了解的世界，至少要戒慎恐惧，否则无法真正学到东西

我对"模范"一词有些抗拒，理由就如前所述，尤其是因为对女性来说，模范（或者应该说是模范的"缺乏"）很容易被当成"躺平"的借口，用来放弃克服眼前的障碍。所以，倒不如让自己成为别人的模范，这是最好的方法。

话虽如此，但我并不是在否定向别人学习的价值，甚至相反。问题其实在于，只从特定的人身上学习。

每年到了招聘季，不时就会有人问我："什么样的学生更容易成长？"

虽说依据当时的心情我每次给出的回答都不尽相同，不过，若以现在的心情来说，答案是"学习容量大的人"。

再怎么优秀的毕业生，就算是东大理科三类^①的人（这种学生从未应聘过我们公司就是了），就社会人而言，也还只是小宝宝级别。就本公司的员工而言也一样。他们今后也得不断学习。

那么，哪些人的学习容量比较大呢？通常是谦虚、坦率而

---

① 译注：东京大学中最难考上的科类，修完基础课程后，一般都会进入医学部。

且有上进心的人。

我想，很多人大概都有实际的感受，**地位高的人意外地都很谦虚**，而踮个二五八万地惹人嫌的，多半都是一些低层次的小官。

公司里也如此。优秀的人其实都很谦虚，会听别人讲话。松下幸之助最著名的故事之一，就是连新员工讲话，他都会拿着笔记本和笔，一边认真倾听，一边做笔记。

越是没能耐的家伙，只要对方的级别稍微比自己低那么一点点，就完全不把对方放在眼里，仿佛一开始就认定"从这个人身上学不到任何东西"。

我把这样的家伙都称为"半吊子优等生"。

所有公司都必须小心这样的半吊子优等生。因为他们一开始或许就是一副自己很厉害、很懂的样子，但之后却完全无法成长。

招聘面试的时候，可能就已经是他们的人生巅峰了。

这也难怪，**进入社会之后**，毕竟**多半都是从别人身上去学的**。不是像在学校里那样，跟着教科书或教授学习，而是要向工作中遇到的人学习。

而且，几乎所有人都可以成为自己学习的对象。

优秀的经营管理者或能干的主管等就不用说了，从保安伯伯到经常去吃午餐的餐厅老板、保洁阿姨、酒店里上了年纪的女服务员……不管是什么样的工作，只要是认真工作的人……从任何人身上都能学到东西，只要您足够谦虚。

　　反过来说，**正因为对学习十分贪婪，所以不管对方是谁，只要一有缝隙，一逮住机会，便会努力学习。**努力从那些拥有自己所没有的能力、拥有自己不擅长能力的人身上学习。这样的态度就叫谦虚。

　　所谓的谦虚，并不只是举止恭敬有礼、温和节制。**对于自己不了解的世界和自己没有经历过的事情，至少要懂得敬畏和戒慎恐惧，否则无法真正学到东西。**

　　因为若非如此，应该就无法觉得"我真的很想知道"以至于对方也不会试图教一个摆出"我懂、我知道"表情的人。或者应该说，他们会觉得"他好像已经知道了，应该不用教了吧"。

如果说谦虚是学习的"入口"，
那么，坦率就是学习的"消化器官"。

　　好不容易获得了信息，却勉强将自己为数不多的经验套用上去，如此这样强加过滤，结果便是无法了解超出自己认知范围的事物。

　　姑且先全盘接受，评论或批判则留到事后再做。

　　到目前为止，我所遇到过的非半吊子优等生都有个共同点，就是会先尝试完整复制或全盘模仿。**他们懂得学习来自模仿的道理**，和那些甚至不试图向前辈学习、还是个新人就坚持独立工作的半吊子优等生，呈现出强烈的对比。

　　例如，业务员 Y 小姐就选择彻底模仿当时顶尖王牌前辈的做法。我带着她去国外出差时，她甚至连我逛街时的视线落点都仔细观察，努力学习创意练习的秘诀。

担任编辑的 I 先生也一样。从开会讨论的方式到电子邮件的写法、听打电话以及和成品稿件的比对检查等，都十分贪婪地努力学习。

虽然我刚刚说半吊子优等生往往都倾向于坚持独立工作，但他们不见得都是因为傲慢而不愿向人学习，只是因为他们摆脱不了学校里"必须要自己做到"那种学习方式的魔咒。

举例来说，有的人临近截止期限，分配给自己的工作却迟迟未完成。问他怎么了，他的回应是"不知为何，我做得好辛苦"或者"比我想象得还难，进行得很不顺利"。拜托您早点反应，好让我们采取预防措施啊！他们的态度真是够了！

一个人能够独立完成所有的事情，您难道不觉得这很棒吗？

的确，以学校里的学习来说，这个观点或许成立。

自己独立完成确实是有意义的，毕竟自己是花钱来上学念书的。让别人来帮忙的话，自己的能力是无法培养起来的。

但，这是工作。

公司经营就是拿钱做事，无法培养出承诺。

目的是在截止期限前交出符合 Discover 21 标准的优质图书。是谁做的以及怎么做的，对客户来说，这些都不重要。

重点在于输出，不在于过程。

> 与其一个人使尽全力独自奋斗，
> 还不如借助于别人的力量。
> 总之，就是要交付结果！

这就是工作。

回顾过去的自己，年轻时的我与其说是谦虚，还不如说是所谓的"怯生生"。

对自己不了解的世界感到战战兢兢的人，也会害怕面对到处都很陌生的世界。

高中时，对"不及格"感到诚惶诚恐。进了大学后，面对蓝领型的男生和追求时尚又很会玩的女生时，感到又爱又怕。应届毕业后之所以会放弃国家公务员的资格而进入女性杂志的世界，想必也是这个原因。

若是觉得害怕和恐惧，就干脆远离，摆出一副"我对那样的世界没兴趣"的态度，但我这个人，不亲身体验是不会甘愿放弃的。

所以，我模仿过令自己望而生畏的行为，也尝试过接受不同于今日、在当时算是黑暗产业的模特儿工作邀约……不过，都止步于入口的程度。

尽管涉入不深，但竟然一直没发生过什么意外，现在回想起来，让人捏一把冷汗的记录其实还真不少。不知是运气好，还是对方根本就不想理我……

总之就这样，后来还有名人家庭主妇的世界、考生妈妈的世界、主管级商务人士的世界等，我都以自己一贯的方法——通过走进一小角体验的方式，逐一消除对各个陌生世界的恐惧。

　　若是有人问："这样有什么帮助吗？"我也只能用"这是我创意练习的来源"来搪塞，不过可以肯定的是，

　　每减少一分恐惧，就能增加一分自由。

　　毫无疑问。

　　恐惧终究是因为无知。只要试着了解，就可以知道那个世界的人和自己并无太大的不同。

　　我认为，**所谓的谦虚，就是承认"自己的无知"，而且有"想要知道"的意愿**。想知道和想了解，这样的态度，足以使人变得谦虚。

　　附带提一句，那位 Y 小姐和 I 先生以惊人的干劲，谦虚、坦率且又贪婪地努力学习后，大概是觉得在这里从我身上已经学不到什么东西，所以后来跳槽了。现在，他们以年轻领导者的身份，各自活跃于自己的新天地中。真是好大的打击呢！

第 6 章

工作与生活的平衡

别怕沉迷

——唯有因沉迷而获得的东西，
才能成为自己永不消逝的力量

工作与生活的平衡。

这个说法，与这件事本身，都不是什么坏事。

可是……虽然在《劳动方式改革法案》^①通过之际必须格外小心以免造成误解，但说句老实话，我认为这和"职业生涯规划"及"模范"一样，也是个一旦化为具体文字后就会被曲解、有时甚至会误导我们的说法。

"热衷于工作，不知不觉就连在节假日，只要附近有书店就会忍不住进去看看有没有自家出版的书籍。对于这样的自己，我开始有些担心。这样好像过度沉迷于工作了，因而没有达到工作与生活的平衡。"

"我无法告诉大学同学说自己对工作很有热情，因为这件事会让人觉得好丢脸。"

早在 10 年前，我就经常听到新入职的员工这么说。

与此同时，也开始出现一些极力避免超时工作的员工，他

---

① 简体中文版编注：日本国会在 2018 年通过了一项涉及工作制度的重大法案，其中一个重要的规定是限制加班时长。各个大中小型企业每年的加班时间累计不得超过 720 小时，每月包括节假日和工作日在内，累计不得超过 100 小时。

们表示："工作私生活的界线应该要划分清楚。"若这样做还能达到预期成果的话，当然很好。

话虽如此，我还是觉得："这样做真的好吗？"

当然，我并不是要说"大家都给我加班！"就算真的这么想，但身为社长，当然也不能公开说出来！

我的疑问在于**"这样真的会让人开心吗？"**

因为对我来说，工作是人生的乐趣之一。

工作上当然也会有各种讨厌的事、痛苦的事以及可怕的事，会有各式各样的状况，也会有压力（这部分我最近才第一次感觉到）。毕竟如此种种，才是人生啊！

并不是因为我现在是社长才这么想，20 多岁还在杂志社当编辑时，我就已经这么觉得了。

每次有人问我："您的兴趣是什么？"我总是回答："工作和流行时尚。"生了孩子后，又再加上"育儿"这一项。

如果还有人问我："是因为您经济无虞吗？"我会回他一句："当然是工作支撑着我的生活。**不过，活着这件事，本身也是一种乐趣。**"

如果人生的目的是自我实现，那么，工作可以是一个最佳的舞台。而关于自我实现，备受尊崇的经营管理顾问小宫一庆先生（他在敝公司出版的《为商务人士所写的……力养成讲座》系列丛书相当有名）的定义最为贴切。

这个定义就是……

"尽可能成为最好的自己。"

在如此重要的舞台上提出这种说法，让人在试图全身心投入时踩下煞车，觉得工作似乎是为了支撑生活这个主要舞台而不得不干的苦差事，这样真的能够让年轻人有幸福感吗？

当然，在这个世界上，想必也有无论如何都无法与自我实现一并思考的工作。在人类漫长的历史中，那样的工作或许是大多数时代的主流。

但幸运的是，**现代人可以从事与自己人生目的相结合的工作，而我不希望连现代人都被强加上旧时代的魔咒，进而被剥夺这样的幸运。**

我读过一篇文章，采访的对象是一位前公务员，他从 CCC 集团①增田宗昭社长的助手开始做起，在采访中，他谈到增田宗昭社长的工作方式。不过，具体内容我记得有些模糊。

据说，社长会半夜打电话给他，说是想到了一些事，要他第二天早上五点就过去。此外，在前往高尔夫球场的车上连开两小时的会可以说是常态。增田社长无时无刻不在想着工作，所以家里到处放着便签条，一有灵感，就立刻写下来。而且，他还建议下属也都这么做。

---

① 简体中文版编注：Culture Convenience Club，以零售及文化产业为主要业务，成功打造的茑屋书店拥有 1800 多个门店，50%的日本国民是它的会员。我国天津的门店开店时有 4.2 万册书和 100 个咖啡位。上海有两家门店。杭州和西安各有一家。

想必因为他是老板兼社长（拥有公司且实际负责经营管理）的关系，但我仿佛已能听见"像这样强迫属下的做法可是黑心企业"的声音。

但，不就是从领人薪水的上班族时期开始，便以老板兼社长的思考模式来面对工作的人，才会成为老板兼社长吗？

请容我不怕被误解地勇敢直言，在某段时间对工作沉迷到堪称勤奋的亲身体验，必定会成为自己实现某项成就时的"肥料"。

唯有因沉迷而获得的东西，
才能成为自己永不消逝的力量。
才会成为知识，成为个人的智能。

而这时，为了避免沦为黑心企业的牺牲品，有一点需要注意。**那就是，您必须主动沉迷，也就是不能依赖。**

即使在某个时期废寝忘食地专注于工作，若是告一段落，就转往下一个目标吧！再去投入并沉迷于别的事情。

毕竟，沉迷也是一种能力。

虽说是能力，但它并不具有先天性的程度上的差异。

每个人在婴幼儿时期都具备这个能力，只是从某个时期开始，沉迷的行为就被制止了，被父母或老师给制止，听从大人的要求"别老是画画，也要出去玩一玩"。

尤其是对父母亲来说，看到孩子老是做同一件事，难免会感到焦虑。

他们会觉得这孩子长大后要是变成只会做那件事的人怎么办以及只会做那种不太可能赚到钱的事怎么办。无论怎么发展，都必须让他成为更平衡、全面发展的孩子。现在的我已进入反省模式。一旦是自己的孩子，也会很无奈，会立刻转向安全保守模式。

糟糕，有些跑题了。由于我很容易跑题，所以还是先总结一下想要讲的内容。

❶ 能够沉迷于某事的人，也能沉迷于其他事情。有些人对什么事都能沉迷，也有些人不管做什么都无法沉迷。

❷ 沉迷也是一种能力，而我们只是一直被后天教育教导不要沉迷。只要通过练习或说复健，便能够恢复这种能力。

❸ 唯有全身心投入并沉迷于其中的东西，才能够成为自己的力量，然后才能够进入下一个阶段。

远山正道先生年轻时担任过三菱商事，他当时成立了一个 Soup Stock 项目。现在，他负责经营 Smiles 公司，声称"我的工作就像谈恋爱"，甚至还整理出 13 个工作与恋爱的共同点。

工作与生活的平衡，这一说法大概真的不是很受待见，以至于后来又冒出了"工作与生活的整合"（一体化）"工作如生活""寓工作于生活"等说法，而就远山先生的状态而言，与其说"生活如同谈恋爱"，或许更像是"生活即恋爱"？

无论恋爱还是工作，
真的都是由"兴趣"和"热情"而成。
结果固然很重要，但过程本身也很有趣。

所以，我希望大家别再说什么"适可而止"了。

会说出"到底哪里好？"这种话的家伙，只是嫉妒您沉迷于恋爱而试图拉低您的水平（亦即基本上只把工作视为苦差事的劳动价值观）罢了！

话又说回来，那个表示"我想清楚划分工作和生活界线"的后进员工，经过约莫半年后，眼睛开始闪耀出光辉。

他说："上周我和女友去迪斯尼乐园玩时，一边在商店里购物，一边想到'唉，这个搞不好可以应用在下一次销售活动中'，心中不由得涌起了一阵兴奋和期待。认真想想，从工作中学到的东西对个人也是有帮助。原来，所谓'工作和生活一体化，人生会更有趣'是这么一回事啊。"

这位员工后来以主要成员的身份，加入了针对年轻人规划的商务技巧系列丛书项目"认真搞事情"，负责向同龄人推广"让我们认真工作"的理念。

觉得工作太辛苦？觉得公司在剥削自己？
——人们通过工作而获得幸福

顺着"工作与生活的平衡"这一趋势，紧接着出现的关键词便是刚刚也提到的"工作方式改革"。

自从我懂事以来，大家一直都在说"日本人工作很拼"。媒体不断地灌输如勤奋的工蜂之类我觉得带有鄙视味道的新闻。

的确，父亲从我念幼儿园开始就每天晚归，甚至周日也会带着我去他任职的公务机关，一个人在那儿工作。

后来提到某个级别的职位后，就开始有固定必须参加的聚会和高尔夫球叙等。

他是那种台风来了就会优先去驻守办公室而不是待在家里的所谓"传统型的忠实员工"，只不过对我父亲来说不是公司，而是公务机关。

如此说来，我应届毕业后进入杂志社编辑部，每个月的平均加班时间也是高达 200 个小时。忙起来的时候，和送牛奶的同时到家，又和送报纸的差不多同时起床，这种只睡 3 个小时的情况可谓家常便饭。

如此这般确实是工作过度。但据说父亲年轻时之所以拼命加班，是为了支付与当时他月薪相近的、我所就读的私立幼儿园每个月的学费。

而且，父亲很喜欢工作，他以自己的工作为傲。我认为，他绝对不觉得是被迫为了工作而工作。对此，我也和他一样。

当然，我并没有因此就觉得应该恢复以前那个时代的工作方式。

但近50年来，日本人的平均工作时长不断在减少，现在已经有统计数字显示比美国人还少。虽说带薪休假的消化率以及请长假的人数比例较低，但日本的国家法定假日是全球最多的，甚至有统计数据显示，日本的年平均工作日在发达国家中偏少。

明明已经如此，却还以工作过度为由，试图以法律的方式来统一规范工作时长（政府已经这么做了）。看见这样的举措，让人不由得想起当年"宽松教育"①时产生的那种不祥的预感。

我认为，缩短工时本来是希望让劳方达成工作与生活的平衡，让整体商业环境消除浪费，进而激发创新，在短时间内达成高于以往的效能，也就是要提升生产力。然而，就如先前也提过的，如果没有最原始的目的——"创新"，生产力不可能得到大幅的提升。

那么，缩减工时就会自然激发出创新吗？就会产生丰富的创造力吗？

不过，这里讨论的并不是这些，我要讨论的是"工作方式

---

① 简体中文版编注：日本政府对授课时间与内容进行缩减的教改措施。1980年出台的《学习纲要》强调，要让学生过上"宽松而充实"的生活，不再为了考试而考试，同时还要减轻学生的经济负担，以免他们在补习班上投入太多导致使家庭负担过重。1982年起实施双减：减少上课时间（从6 135个小时减到5 785个小时）和减少作业。1989年，小学一二年级再次减负，不学"社会"和"理科"，只学"生活"。到2002年，学生课程减少30%，小学6年的课时减少到5 367个小时，中学改为2 940个小时。

改革"这一词汇所隐含的劳动价值观。

这个词汇其实隐含了"工作是件苦差事"这样的前提，不是吗？

简直就像西方所谓的"试炼"，有一种"工作是很痛苦、很不愉快的事儿，让我们尽量想办法缩短工时"的感觉。

这会不会让本来不这么想的人、甚至让**本来觉得工作就是一种奖励而更加努力工作的人**都觉得"唉？我会这么想是不是因为被黑心企业给洗脑了？"使得他们对自己的工作观丧失自信？

虽然也有政治人物主张，还不如提出"让人想要工作的改革"，但我想，真正想要为了自己的成长及成就而工作的人，应该会选择留在能够这么做的职场。更何况，也还有能够按个人节奏进行工作的创业或副业等其他选择。

也就是说，只图轻松爽快地觉得"工时减少，真是太棒了！"的人，和为了自己而工作的人，两者在能力上和经济上的差距终究会越拉越大。

而我所担心的是，这会不会和之前的宽松教育政策一样，表面上缩短上课时间，实际上却进一步拉大了学力上的差距。

人们通过工作而获得幸福。

这是大约 15 年前，我替原文书名为《工作》（*WORK*）的翻译书所取的书名。大概是受到此书名的吸引，我获得了某家大公司知名社长的称赞。在这样的因缘际会下，后来重新出版该书的完整翻译版时，还有幸得到对方所提供的书腰推荐（那时，对方已经荣升董事长）。

我觉得工作就是这么一回事，以什么样的方式面对，就能够使之成为什么样的事情。

即使做着一样的工作，若把它视为苦差事，它就会是苦差事；若把它视为幸福本源，那它就会成为幸福之本源。

此外，"工作方式改革"这一词汇好像有一个隐藏的前提，那就是"公司是一个压榨员工劳动力的组织"，所以让人觉得喜欢公司好像是件很奇怪的事。

我想，的确也有一些公司真的就是在压榨和剥削员工。之所以需要以法律形式来规范，或许就是为了拯救在那种黑心企业工作的人。

但若是对非黑心企业也抱持同样的观点，就很可惜了。到底有什么好可惜的呢？因为若是人们通过工作而获得幸福，那么，得到幸福的场域便是职场，对许多人来说，也就是公司。

当然，像个体户和自由职业者等，有些人是一个人独立工作。

不过我认为，

公司是一个能够让平凡的人变得非凡的幸福系统。

因为当人们彼此合作或切磋琢磨，并朝着共同的使命努力迈进时，才能够有最好的成长。

　　我不是要各位像过去那样为公司赌上性命。公司其实也可以视为一个平台：聚集拥有共同使命的人并让他们在此相互切磋和打磨技艺。而我，只是希望大家不要连这样的可能性也被剥夺罢了。

人必须贪婪，但不要过度贪婪
——最先放弃的，是"只靠自己应该就能完美做到一切"的无耻想法

前一节中，我把"工作与生活的平衡"列为"造成年轻人不幸的说法"之一，以此来响应某次采访。那次采访后来被某个很受年轻职业女性欢迎的网站记者看到，该记者表示"深有同感"！于是就开始有人注意到我提到的"工作与生活的平衡"。但我想，距离那时都已过了 10 年，情况虽然没有根本上的改变，但重点似乎变得不太一样了。

据说，现在工作与生活的平衡已经变得很必要，**也就是工作和生活两方面都必须很努力才行。**

尤其是女孩子，在 Instagram 这样的社交媒体上假装真实生活也很充实，亦是此趋势的现象之一。

简而言之，只会工作是不行的，还必须有一些在工作之外的学习以及值得炫耀的兴趣或嗜好。还有穿着打扮、健身、恋爱……这些都要有，全都要努力。这真的会让人很疲惫。

唉呀呀～

这么说来，我确实也从年轻思想家山口扬平①先生那里听到

---

① 简体中文版编注：毕业于早稻田大学政治经济学院。代表作有《日本人不知道的新股本》和《幸福资本论》等。

过类似的说法。

　　他说，最近的女性，已经变得必须五项全能，这五项包括工作、金钱、婚姻、孩子和美丽。这些全都要追求，实在是令人疲惫。

　　唉呀呀～

　　十几年前，我曾经推出一个百万富翁系列丛书，一度掀起热议，其定义是"无论工作、恋爱、婚姻，都时髦地尽情享受，年收入高达 1 000 万日元^①，且在经济与精神方面都独立自主的女性"，胜间和代女士正是我在这个过程中发掘出来的。1 000 万日元只是一种象征，其实我设想的是一个人足以抚养小孩的几百万日元的收入程度。

　　当时在职场上看到的前辈，多半都是一心只有工作的女强人，然而，后辈们并不向往她们。如此一来，女性在经济及精神上的独立便不会有进展，而这也正是我试图展示所谓模范的原因……

　　而距离那时不过十几年，这样的女性就已经变得不那么罕见了。尽管就绝对数字来说或许还很少，但以寻找作者的角度来看，已经不像十几年前那么辛苦。

　　不过另一方面，这样的模范似乎也对年轻人造成了压力。

---

　　① 简体中文版编注：按 2020 年 8 月的汇率来算，这样的年收入大约相当于 65 万人民币。税后净收入 780 万日元，再扣除其他社保、人保、个人所得税和个人住民税之后，税后收入为 680 万日元。今天的日本，大学毕业且 40 岁以上的人，年收入基本上为 1 000 万日元。

　　虽然我们是想鼓励大家，无论工作、恋爱还是穿着打扮都要好好享受，就算结了婚也不要依赖老公，一样可以活得自立自主，却没想到传递出一个负面的信息："要是无法兼顾工作、恋爱及穿着打扮，就不够完美。"

　　接下来的这段话或许稍显严肃，但"工作与生活的平衡"这一说法，多半用于进入本世纪以来现实中少子化政策、男女共同参与等社会背景下。

　　毕竟在那个年代，"因为家庭（孩子）全都交给老婆处理"，故能将几乎所有生活都花在工作上，理应是男性的形象，因此，女性必须在工作和生孩子之间做出选择，从而导致少子化现象加剧，必须想办法加以改善。在贸易摩擦的背景下，批评日本人工作过度的西方论调，其实也有着"试图阻止因长时间工作导致过劳死及家庭破裂等悲剧"的偏见。

　　"工作与生活的平衡"原本作为一种能够带来幸福而被提倡的理念，无论对职业妇女，还是正在育婴育儿的女性，当然对其配偶来说也都如此，万万没想到，最后反而却成了女性的压力。实在是够讽刺的，这种说法明明是以只顾工作而不顾家庭的传统男性为假设对象！

　　这个小节谈着谈着就成了女性专属内容，那么，请容我给女孩子提个建议："**女孩子，可以更贪婪一些，完全没关系。**"
　　想要工作，总之就是想要出人头地。也想结婚，总之，就要嫁给型男奶爸。既想要孩子，同时也想一直时髦、美丽下去。

您可以什么都想要，别让偏见限制了自己的可能性。

可是，不能过度贪婪。

您可以这个也要，那个也要，但不能过度贪婪地试图全都靠自己一个人的双手完美达成。

这是不可能的！

一切都必须完美达成？您以为您是谁啊！会不会太自以为是了呢？

虽说不能低估自己，但也不能过于高估自己。

通常正是那些完美控，光一直想就觉得累，结果完美程度往往还低于一般人。

完全正中"虽然没有得到任何成果，但至少可以给全力以赴的自己一点点奖励"这类广告策略的下怀。与其如此，还不如像下面这样。

便当？可以偷工减料。

打扫？可以请人来扫。

老公？他的事情麻烦他自己做好。

亲戚及周围人的眼光？请忽视，**忽视**，再忽视。

工作？真有困难的话，就跟主管商量商量吧。

偷工减料干得好，
外包处理没烦恼，
面面俱到没必要。

　　虽说所拥有的事物种类并无数量限制，但毕竟人生就像是热气球，能够承载的总重量是固定的，终究还是必须得有所取舍。

　　首先应该放弃的，或许就是"只靠自己应该就能完美做到一切"的这一无用的想法。

　　然后，好消息是，热气球可以越买越大，还有随着技术的进步，很多东西都会变得越来越轻呢！

四次元思维，长期主义

——以 10 年为单位进行思考，就能出乎意料地获得一切

　　虽然前面才说过不要试图单靠个人来完美获得一切，但其实，想要的都能要到也并不是完全没有办法。当然，我指的是不依赖于特殊才能、任何人都能做到的办法。

　　那就是……

加上时间轴。

　　也就是说，正因为想要立刻同时获得一切，比如成就、金钱、魅力、婚姻、生儿育女、时髦美丽、自己的时间等，所以才办不到，才消极地认为只有极少数幸运儿才能这样。

　　年轻的时候，眼光短浅，能看见的时间轴范围较短。因此很容易认为自己现在看到的就是一切（我以前也是这样）。

　　举例来说，即使现在把所有薪水都拿来付保姆费及家务外包费用，那么只要努力工作，10 年后就可以把这些都赚回来；反之，即使现在拒绝工作调动，放弃升迁，以家庭为优先，5 年后也还是可以致力于工作，拼事业。

以 10 年为单位进行思考，
很多东西终究还是能够出乎意料地手到擒来。

　　就算不那么努力，也能受惠于科学技术的不断进步，从而

借助于许多工具来帮助自己达到目的。价值观及一般社会常理，多少也会使生活变得更容易。

　　这不同于依据眼前所见来规划职业生涯，**而是一种抓住意外机会的方法**。毕竟，机会总是在您想不到的时候以出乎意料的形式到来。

　　工作上的大好机会、留学的时机、生育年龄等所谓仅限此时且错过不再的各种机会，都可能在任何时候落在每个人身上。

　　而在那一刻，一想到要放弃某些东西，人们往往就会裹足不前。

　　与其如此，还不如最好以至少 10 年的时间跨度来进行思考。

那不是放弃，而只是延后而已。

在这种时候，要勇敢地将其他事情都延后。

能用钱解决的事就用钱来解决。

此时的金钱花费是对未来的投资。

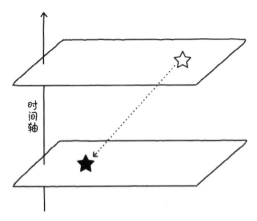

　　机会总是在出乎意料的时候，以出乎意料的形式到来。但同时，机会也只会垂青于有准备的人。

　　因此，若机会来了，就表示您已经准备好了。

　　就错过这样的机会而言，人生会意外地长。

　　不像年轻时感觉人生好像很短，其实是意外地感觉到了人生相当地长呢！

三次元观点，格局高一些

——无论是自己的可能性还是公司的可能性，都别只依据眼前所见来判断

别只依据眼前所见来判断，这个道理不仅适用于自己本身的可能性，也适用于公司的可能性。

刚刚入职新的公司，就因为主管与自己不合而立刻想辞职，这真的是太急躁了。现在的主管不见得永远都是您的主管，过段时间就会有职务调动。他有可能被降职，也有可能主动辞职。

只因为环顾整个公司，觉得 5 年后能做的工作也就只有这些，于是轻率离职，这样也是太急躁了。

要知道，时代在变。我们这个时代，别说 5 年以后了，就算是第二年怎样也无法预测。计划 5 年后要坐上某职位或进入某部门，这样的做法，反而比较危险呢。

越是年轻，视野就越狭隘，眼光越短浅。
毕竟人生经验少，这也是没办法的。

别说是"面"了，
甚至很容易依据现在这个"点"来做出判断。

哪有可能采取什么四次元思维，连二次元都没有，根本就只有一次元！

我觉得……

至少要达到三次元的思考，
换而言之，至少要从稍微高一些的层次俯瞰。

还有，**工作不是别人指派给您的，更不是别人逼着您做的，工作是自己创造出来的。**若是对目前的工作感到厌烦，那就自己去创造新的工作。

虽然这部分依公司不同而有很多不一样的做法，但千万别只看现在眼前的主管就做出"毫无可能性"的判断。请稍稍拉高一些层次，试着从部门主管的角度、从部门经理的角度、从总经理的角度来看自己的工作。要试着看看公司整体的工作。

若这样做仍然看不到公司的未来，那么再动手写辞职信也不迟。

第 7 章

不能被讨厌

被讨厌，刚好而已。被喜欢，那就更好

——"不会被谁讨厌"意味着"并不会被谁特别喜欢"

小时候，被妈妈责骂时，我如果说"我最讨厌妈妈！"我妈妈都会回我一句：

"好在您讨厌我，拜托拜托，别喜欢我……"

我记得她对没有常识的熟人和朋友等也都会这么说，想必不曾当面说就是了。

或许是因为被我妈这句口头禅给严重污染了，当我在性格测试中看到"谨小慎微，不要被任何人讨厌"这一栏时，很震惊："我的天啊，原来世界上竟然有这种人。"

不过，对于这样的描述，若自评为"完全不符合"，那肯定是骗人的。

我也会自然地迎合当下情境来察言观色。其实，我自认为是个很细心敏感的人。

只不过，若是问我老公或我身边的人，他们都会这样说我："您老爱讲那些故意讨人厌的话，总有一天会吃苦头的。"

话说，敝公司在出版界是出了名的以业务能力为导向。因为我们采取直销的方式，不经由出版界的经销商来发行图书。

我们每个月必须主动到店推销，否则书就上不了书店的书架。目前，全日本有超过 10 000 家书店，我们主要与前 5 000 家个大的书店有业务往来，基本上，这都是一一拜访来的。

关于那段艰辛的历程，我会在本书最后稍微聊一聊。不过，在此我想讨论的是，占员工人数一半的业务人员中，业绩一直保持最好的人到底有哪些共通点。

毕竟是业务，在大家的印象中，他们似乎应该擅长感受现场氛围、掌握对方想法和赢得对方的喜爱。

但就我所看到的来说，恰恰相反。

能持续取得好业绩的业务员，
就某种意义而言，他们不装，
必定有说话不经过大脑的时候，
有某些不识相的地方。

我这么说不知道会不会被人骂。

当然，他们并不是彻彻底底地信口开河，乱讲话。我刚刚说的是"就某种意义而言""有某些地方"，也就是说，他们只是在"别人对自己的观感"这方面不敏感、目中无人而已。

相对于此，他们对销售点的状况则是很敏感且了如指掌的。

总是能针对销售点推荐合适的自家图书，以达成双赢的目标。换而言之，也就是将有销量的书推荐给业绩有增长的销售点，以进一步促进图书的销量。他们会把重点放在增长上。

即使对方表情稍有不悦，也无法使他们退缩。说白了就是，他们对此无感。

换一种说法便是，
他们不会选择刻意逢迎而做超出必要的"好人"。

　　反过来说，迟迟无法提升业绩的人（除了懒惰的家伙），往往都是在做"好人"。**他们并不是好人，他们只是"做好人的人"。**

　　那么，到底是怎样的人呢？具体来说，就是怕被别人讨厌的人。害怕被别人讨厌以至于说话不够强硬。他们认为，与其推荐自己觉得好的书，宁可选择不要被对方讨厌。

　　因此，所谓"做好人的人"其实也不适合担任主管或团队领导。

　　一旦被对方怨恨或讨厌，便觉得不妥，于是说话就不硬气。开会讨论时也会察言观色，过份在意现场气氛而不肯提出自己的意见。

　　比起达成目标和提升公司业绩，他们更在意的是自己不要被讨厌。

　　过去以和事佬之名，这种人或许也一度很受重视，但在一切都讲求创新和变革的今天，很难有什么机会可以使他们发挥作用。

　　更何况，"做好人"这件事对他们自己也不好，不值得，**因为"做好人"的人实际上也不见得一定就讨人喜欢。**相反，更受欢迎的是说话直来直往及总是与某人发生冲突的人。

　　观察每年前来我们公司应聘的应届毕业生，我感觉"乖宝宝"确实是一年比一年多。他们规矩严谨，懂得观察现场气氛，而且绝对不会跟人吵架。

　　但拥有信念并朝之迈进的人有时会为了共同目标或目的而说一些不中听的话，虽然偶尔可能与他人发生冲突，但多半也都非常受人尊敬。单纯任性、不考虑旁人、我行我素的人，往往也是很讨人喜欢的。

　　因为除了对自己有敌意的人、侵犯自己自我认同的人、破坏自己尊严的人、可能会损害自己既得利益的人……也就是除了会威胁自身"安全"的人，人们一般都不会特别讨厌别的人。

　　毕竟每个人光是守护自己的"安全"，像身体上的安全就不用说了，还有心理上的安全、经济上的安全，就已经用尽了洪荒之力。

　　不管您多么小心翼翼，都可能有人讨厌您，都不可能让所有人都喜欢您。

　　要知道，如果有人对您极为欣赏，那么，应该也会有人对您极度厌恶。

所谓"不被任何人讨厌"，
其实也意味着"没有特别受到任何人的青睐"。

所以呢，"好在您讨厌我，拜托拜托，千万别喜欢我……"

我认为，
每个人都可以活得更自由，
更自我一些。

"被讨厌的勇气"

——让某些人特别喜欢您，可能会导致您被同样多的人讨厌

很久以前，我出版过一本小书，书名是《这么做，您就会被讨厌》，该书现已绝版。书中采访了大约 100 个人，逐一询问他们到底讨厌怎样的人。

像是爱说谎的人、小气的人、不肯努力的人……，虽然每个人都挺开心地讲了很多，但我最后的结论是……

讨厌我的人。

而这个道理同样也适用于自己喜欢的人。

虽说包括我自己在内，也总是为了讨人喜欢而做出一些无用的努力，但讨人喜欢其实并不难。只要想想您自己喜欢怎样的人就行了。

简而言之，**就是"喜欢我的人"**。

也就是只要您自己先去喜欢人家即可，只不过这道理不见得适用于男女关系，真抱歉。

我们大多数人为了让其他人觉得"那家伙好厉害"而努力追求成功，并将所得到的东西"公开"作为成功的证据，其理由就在于想要通过这种令人佩服的方式，来讨得更多人的喜欢。

尽管有人夸自己好厉害，但也不见得他们就很喜欢你，甚至应该说"令人佩服"和"讨人喜欢"很多时候其实是相互冲

突的，但对于某一种人来说，要让别人喜欢默默无闻、毫无成就的自己，比获得成功更困难（他们自己这么认为），所以他们只能尽力而为。

而不属于这种人的普通人，则会努力避免自己被讨厌。

虽说不被讨厌和讨人喜欢是两码事儿，但由于不知道怎么讨人喜欢，所以就只能小心翼翼地避免自己被讨厌。

"不被讨厌"可以说是人类这种无法独自生存的社会性动物的一种本能，故就生存而言，以此为信条是一个很合理的策略，但若是加上"任何"一词，就会变成"别被任何人讨厌"，立刻成为不合理的策略，成为所谓的非理性信仰。

**"我们人类所有的烦恼都来自于人际关系，
然而，所有的幸福也都来自于人际关系。"**

此话出自奥地利心理学家阿德勒[①]。若是如此，那么，那些涉及人际关系的烦恼，来源于一大非理性信仰——"别被任何人讨厌"。换而言之，这个观念妨碍了幸福的人生。

有些人即使总是满不在乎地说着一些讨人厌的话，但也只是不知道那样很讨人厌而已，其实本人并不想讨人厌，比如说我。

毕竟，谁都害怕掀起战争，都想要尽量避免冲突。

---

① 简体中文版编注：阿尔弗雷德·阿德勒（1870—1937），个体心理学创始人，代表作有《自卑与超越》。

扫码加入
读者交流群

正因为如此，我们才会被"被讨厌的勇气"这样的书名和剧名给吸引。

而继《这么做，您就会被讨厌》一书之后，我又做了一本现在也绝版了的《所谓喜欢，所谓讨厌》。在该书中，我发现，一旦让某些人特别喜欢您，就有可能导致您会被同样数量的人所讨厌。

不知为何，只要自己认识的人特别喜欢某个除自己以外的其他人，就会觉得自己被轻视，就会开始讨厌对方。即使本来并没有特别喜欢对方，也会这样。

总而言之，

选择"不被任何人讨厌"的人生，
就等于选择了"不特别受任何人青睐"的人生；
而选择讨很多人喜欢的人生，
也就等于选择了被那么多人讨厌的人生。

您怎么选呢?

虽说怎么选都好，不过我认为，将来能够成大事的人显然是后者就是了。

第 8 章

领导力

不必每个人都立志成为领导者

——优秀的追随者能够造就优秀的领导者

无论是在学校还是在公司，大家总是喊着"要有领导力"。

一走进书店，架子上满是与领导力有关的书籍（如此说来，我们公司也出版了一大堆），让人觉得好像非得以领导者为目标才行。

感觉领导者在上，追随者在下。若是当上了领导，就要再以更高级别的领导为目标。

我儿子小学四年级左右发生了一件事情。

记得有次开家长会，由于老师说了类似"他很会念书，但缺乏领导力"这样的话，仿佛我儿子是个以自我为中心的孩子，所以我忍不住开始反驳老师的话。

我说："他的确不会积极带头，但并不自大，反而会选择站在支持他人的立场。"

其实，我在小学高年级时，成绩单上的评语也总是"有些消极"。由此可知，老师的评语有多么不可靠。此外，我想说的是，学校的老师为什么总是试图把"积极且具有领导力"这种千篇一律的理想形象套用在所有孩子身上？

基本上，如果世界上所有人都成了领导者，那谁又来支持领导者呢？

谁又来跟随领导者呢？

正因为有了愿意追随他的人，领导者才可能成为领导者。亦即**造就领导者的，正是跟随他的人，也就是追随者**。如此说来，具有高度追随力的人不也很重要吗？

其实，告诉我这个观念的人，是儿子中学一年级时的导师。当时，儿子进入的是一所竞争激烈的男校，每个人入学之前都是各自班上的第一名。

那时，他的导师告诉我，在这个世界上，像我儿子这样的类型相当重要，还说**有领导力和想成为领导者是两回事**。

若是那种过去总是当班长、去竞选学生会会长或担任校庆活动主角的人，请以领导者为目标。希望您尽可能让这个世界变得更美好。

又或者，若是那种其实很想当上班长或部门主管，但感觉会被嫌弃"怎么轮得到您！"而说不出"我想当"的人，还有那种人"我真的很想当领导者，但当不上，大家真的很没眼光"，也请您以领导为目标。

但是，若您的个性本来就比较适合追随自己能够信赖的人、协助别人达成梦想而不是引领他人，就没必要勉强自己以领导为目标。

不必因为当不上领导而感到丢脸，
也不必羡慕成为领导的同事或晚辈。

其实在这个世界上，追随者的数量显然远远多于领导，但想要成为追随者的人却太少了。

甚至，很多人本来就只想当个追随者，但总觉得周围不断有声音在告诉自己"您不该止步于此。"

感觉上，追随者就是比领导者矮了那么一截。

但事实并非如此。

追随者造就领导。

优秀的追随者能够造就优秀的领导者。

换而言之，所谓的追随者并不是盲目跟从领导者，没有自己的意见和自主性，也没有责任感。追随者是指"自主地承担责任并跟随领导者"的人。

就此意义而言，无论是追随者还是领导者，都不过是不同的角色分工罢了，两者其实都需要领导力。

而每个人只要活着，必定都拥有那样的领导力。

若是一般的励志书籍，就会以"您是自己人生的领导者"之类的话完美收尾，但如此一来，就会出现像这样的人——**"我是自己人生的领导者，所以我不让任何人跟随我，我也不跟随任何人。"**

也就是所谓独来独往的人。这样的人又如何呢？

若您真的很喜欢一个人行动，觉得这样最像自己并且是最理想的状态，那也没什么不好！不过，只要是工作，即使是一个人独立作业的自由职业者，或者应该说正是这样的工作形态，反而往往更需要被迫服从客户或合作厂商等……

可是，若您真的很想成为领导者，却因为当不上而不肯面对"世界"，那我只会对您说：

"赶快给我走出两岁幼儿的那种叛逆期！"

不需要随时随地都积极乐观

——"永远开朗、积极、向上"什么的，让人觉得很假

和领导力一样经常被学校老师挂在嘴边的，还有所谓的"积极思维"和"正能量"。这可能会让人联想到常见于励志类书籍中的"只要积极乐观地面对一切，就能顺利度过！"这一类句子（我们公司可能也出版过书名类似的书籍），但这其实正是不幸的开始。

基本上，"永远开朗、积极、向上"什么的，会让人觉得很假。

就像"我在求职研讨会上受过特训！"那种只会单一简报话术的人，让人难以置信。

毕竟，**我们人本来就是因脆弱而爱操心善妒、总是焦虑到倾向于往坏里想的生物**。而且，面对事情时先做最坏的假设以便做好准备，这是最基本的生存法则。

由于示弱不利于生存，因此我们总是假装自己没事，但偶尔也会软弱到无法假装坚强。

又或者，今天的社会风气下，说些悲观的事以及与大家见相左的话，会显得比较聪明；但就生存而言，说一些不同于优势年龄段（就是我的这个年龄段）的乐观且与周围的人意见相同，比较容易在群体中生存。即使如此，偶尔也有想发表悲观论调的时候，比如"再这样下去真的不行"。

在这种时候，说些丧气话又何妨？就是想要当个悲观的家伙呗！

就当自己很差劲、很蠢、很惹人嫌，那又有什么关系呢？

"佛系"也很好！

对总是乐观积极的自己感到厌倦的人，
并不是只有您一个。

要对自己的表情负责

——请注意个人表情对周围的影响

这番话和前一节的说法似乎有些矛盾，不过，我要是看到哪个年轻主管一大早走进办公室就表情阴沉、脸色难看，都会严词告诫对方："**请对自己的眼神和表情负责。要注意个人表情对周围的影响。**"

不管家里有什么问题，就算因为这段时间业绩不好而垂头丧气地来上班，也要在推开办公室门的那一刻，自然而然地挺直腰杆，摆出"好脸色"，精神抖擞地开口跟大家打招呼，这才是主管应该有的样子。

因为主管是负责激励大家的角色，在公司或部门状况不好时，更是如此。

若是在确实了解自己什么样的表情及传递给周围什么样的非语言信息会造成多大影响的状态下还这么做，那么，怎么表现自己的软弱或表达自己的焦虑都没有关系。问题是，很多人对此都相当缺乏自我觉察。

甚至，有些人明明懂得这个道理，却还是不自觉地表现得严峻、阴沉、身体似乎不舒服。他们通常不是想借此博取同情，就是试图建立权威。

不管是哪一种理由，或许确实能够达成目的，但这样不会受到人们的尊敬，也不会赢得信任。不管是哪一种情况，图自身便利而摆出病态的表情，都会对周围的人造成很大的困扰。

记住，您的影响力超出了您的想象。

若是主管就不用说了，即使是新员工，也要对自己的表情负起责任，要对自己所造成的影响有自我觉察。

第 9 章

责任自负

对别人说的"责任自负"，会像回力镖一样回到自己身上

——大多数事情都是"自己"与"周围"责任共当

"责任自负"一词到底是何时成为人们的口头禅的呢？

可能是小泉内阁时期吧？或者是大家争论国家是否要去营救被恐怖份子抓走的人时？又或者是大家公开讨论努力赚钱的人为什么非得要养那些依赖社会福利、活得懒惰又毫无计划的人时？

总之，开始于与全世界各种"落差"逐渐扩大时。

一旦碰到不顺心的事，就忍不住怪社会、怪周围环境、怪公司、怪主管、怪部下、怪老师、怪爸妈，那么这话用在您自己身上，亦即用来律己确实挺好。毕竟，一切都是自己选的，所以结果也应该由自己来承担。

这是一种自主而独立的理想状态。

难道只有我认为这话用在别人身上时似乎有些杀气腾腾？

听起来像是支持"落差"的扩大以及拥护脱离弱势群体的政治立场，然而事实上，这句话一直是被社会默许的。

而且，不止如此。这句话一开始主要是精英们用于对付弱势群体的，但现在却像回力镖一般回到他们自己身上。

也就是说，**基于"责任自负"的原则，即使只跌倒一次，也会让他们感到极度沮丧、严重受挫。**

实际上，据说越是排名靠前的顶尖大学学生，像是东京大学等名牌大学的学生，这种倾向越强烈。毕竟，这些人在进入东京大学之前，很可能都不知挫折为何物。

即使不到东京大学这个级别，成绩一直都不错的好学生，看来也是受困于"责任自负"。

失败的时候，不顺利的时候，明明只要寻求他人的帮助即可，但他们却因为"责任自负"而拼命地责怪自己。如果责怪自己能获得什么结果的话，也就算了，但多半都是在没有结果的状态下，仅以挫折来作为了结。

"责任自负"一词的沉重压力，立刻就可以把他们给压垮。

正因为对自己如此严格，所以对别人就会更加严格。

不然，想尽办法努力避免严重失分的自己不就"亏大了"？所以他们才会对别人的失败过度苛责，才会抛下对方说他们是"自作自受"。

难道，就连这一丁点儿挑战也无法承受吗？

招募应届毕业生时，前来应聘的学生一年比一年更像"乖宝宝"，或许也是这个缘故，但我们明明就是这种靠人气获益可人气却偏偏不稳定的出版行业。

就这层意义而言，与"责任自负"成套的"必须要规规矩矩"，或许也是另一个"让职场人士瞬间陷入不幸的说法"。

因为若是凡事都规规矩矩地做却失败了，可能不至于被追究责任，但要是不够规矩还失败，就会受到责备，必须得"责任自负"。

　　还有，不管是对自己还是对他人，一旦事情不顺利，那么一再强调"责任自负"的背后，**可能是因为事情之所以顺利都是"多亏了我"这样的自大心理。**

　　但是，大多数事情其实都是"自己"与"周围"责任各半。

　　至少我是这么认为的，其中"周围"也包含所谓的"运气"，而"大多数事情"都不只是坏事，也包括好事。

　　若能这样想，对自己、对他人就都能稍微宽容一些了。

想象力比创造力更重要

——所谓爱，就是想象对方的自我中心性

前一节讲到，过度追究"责任自负"的态度给我一种杀气腾腾的感觉。不过，另一方面，我也觉得这或许是整个社会越来越缺乏想象力的后果。

日本的未来发展正面临着一个岔路口，目前虽然经常听说需要有创造力，可对于"想象力"的需求却鲜有耳闻。

或许是因为人们觉得创造力是指从无到有，仿佛代表着"生产力很高"，但"想象力"创造不了任何东西，就只是在模仿现有的东西罢了（我就是这么想的）。或许，是因为很多人都认为自己欠缺"创造力"，但"想象力"没问题，觉得比较有自信（我以前也是这样）。

可是，在工作中经历各种失败后，我开始觉得，

**至少在实务上，
想象力其实远远比创造力更为重要。**

例如，交稿期限都过了而稿子还没交来、设计师做的方案不合意、书店店员被我惹毛了……虽说出状况总是在所难免，但究其原因，便会发现其实绝大多数都是"为什么一开始没想到可能会有这种状况？""为什么不一开始就讲清楚？"这种只要发挥一下**想象力**就能避免的问题。

反之，所谓工作速度快，亦即"生产力很高"的人，自然就会注意到这个方面，总会为"万一"和"最坏的情况"做好准备，总是想好了备案，因此他们较少出状况，就算意外遭遇不顺，也能不慌不忙地采取下一步行动。也就是说，他们确实发挥了"想象力"。

基本上，大部分所谓的"时间窃贼"都和找东西及出错（失误）有关。

例如，明明下午要做一个重要的简报，午餐时却不小心让白色外套沾上了意大利面的蕃茄酱汁！于是又慌慌张张地试图用水冲洗，又想为了买去渍笔而急忙冲进便利店，本来就要迟到了，偏偏在关键时刻又叫不到出租车，结果公交车又误点，最后很不幸地迟到了（之所以能描述得如此栩栩如生，是因为这正是我本人的真实经历。是的，穿白色外套的时候吃茄汁意大利面便是"元凶"，要不然就是那天根本就不该穿白色外套……）

这个例子虽然简单，但是，

出乎意料的是，工作能力就是靠着这种程度的想象力的积累来形成差距的。

其实，不只是实务工作如此，家庭、恋爱以及朋友关系，也不例外。

**尤其是在人际关系方面，
要说想象力就是一切，或许也不为过。**

　　"想象"对方的状况以及对方的感受，其实就是所谓的同理心，"站在对方的立场"去感同身受。

　　我们通过"自我意识"，以自己为中心来观察和解读这个世界（所以若"我"死了，"我"的"世界"也会同时消失），但同样，**别人也是通过他的"自我意识"来观察他的世界，因此，重点就在于您能否想象"那个'世界'不见得跟您自己看到的世界一样"**。

　　用比较体面的话来说，就是"拥有多样化的观点"以及"接受世界上存在着多种不同的价值观"。

　　有些事看似理所当然，但显然就有个别大叔即使因被指控性骚扰而被辞退却还不知道自己到底哪里做得不对。像这种一把年纪却还不知道问题出在哪里的人，意外地多。

　　这些人在特定时代的特定环境下生活至今，自己具有的特定的观点就是一切，故对女性怎么想、别人对自己怎么想等，缺乏想象力。

　　若非如此，因性别问题而掀起论战的那些"无恶意"广告①就不会毫无节制地一再出现……

　　相比皮亚杰认知发展理论中认为出现在两岁到五岁幼儿身上的"自我中心论"（例如玩捉迷藏时，只把自己的脸塞进洞里，即使整个背部都暴露在外，却仍然以为自己已经躲好了），这种"以自我为中心"的观点，在本质上并没什么不同。

---

　　① 译注：主要是一些广告制作者自认没有恶意，但从受众的角度来看，广告标语中显然有不当的性暗示。

"我为什么非得跟您约会呢？"

"因为我喜欢您啊。"

"我为什么非得接受那份工作？"

"因为我希望您做那份工作啊。"

"真没想到您竟然会说出这种话。"

"我不是那个意思。"

……诸如此类。

简而言之，**我认为这就是缺乏"爱"。这不是礼仪或逻辑思考力的问题，这是爱的问题。**

一旦没有爱，就必须不断地撰写使用手册，比如"这种时候请这样做""做这件事的时候请注意这个""对这样的人请这样说"……

也就是说，

所谓爱，就是想象对方的自我中心论。
想象力就是爱。

如此说来，这个世界缺乏想象力的话是不是意味着这个世界缺乏爱？

我诚心地祈求这只是因我个人情况而导致的偏见！

小孩与才能都不是上天赐予的礼物，而是社会暂时寄放在您这里的东西

——碰巧被分配到的人，有义务予以雕琢并回馈给社会

前面讲了一大堆使命、社会问题什么的，似乎很了不起的样子，但说来惭愧，我自己其实是到了 40 岁，才开始强烈意识到使命的，而且是在有了小孩之后。

刚开始考虑生小孩时，觉得生个孩子或许也不错，那时我有把握公司能够做得下去而且有办法越做越大。

话虽如此，但当时公司仍处于员工仅区区数人的草创期，工作忙碌的我，除了孕吐那段时间外，直到生产前一刻，几乎每天都会忙到坐末班车回家，可能是因为外套吧，又或是因为我怎么看都不像是孕妇，于是大家都体贴地觉得，若对方只是体态圆润就让座的话，难免太失礼，总之，在公交车上只有一次有人给我让座，就是在预产期的那个月。我至今还记得那位 30 岁左右的出色女性！年轻男子就别说了，而且大叔们根本不会给人让座的。

然而，等我生完孩子，大家便纷纷给我让座了。

虽然我不曾在上下班时间抱着小孩坐车（当时带着婴儿车上下车非常麻烦，最主要的原因是，并非所有车站都有电梯或手扶梯，而且也只有百货公司部分楼层的厕所设有婴儿座椅），不过，偶尔在白天坐车时，给我让座的都是 50 岁左右的女性。

基本上，我以前几乎从来不在可能会遇到带着婴儿的妈妈们那个时间段搭车，也不曾让座给带小孩的女性，就算偶尔遇到，也由于当时还不知道婴儿其实很重，所以从头到尾都不曾想过要给人让座，所以，看到有人给自己让座，感觉就像是，虽然都是地球人，却好似误闯了另一个平行世界，并且竟然对自己之前一无所知的这个世界心存感激。

坐在旁边的阿姨不仅主动开口跟我聊天，还亲切地逗弄孩子，这真的是过去的我一无所知的"世界"。

我儿子三岁时，有一次喝他最喜欢的果冻饮料，一口气喝得太多，结果在车上吐了。旁边有位穿着打扮相当体面的阿姨立刻上前，将手中的杂志撕了几页下来，然后一边帮忙擦除呕吐物（毕竟是小孩，量很多），一边对慌忙道歉的我说："没关系，您看好小孩就是了。"同时还递了手帕给我。

我自己对带小孩的陌生人如此亲切热情地伸出过援手吗？在心中洋溢着感谢之情的同时，我突然领悟到，

小孩其实是一种社会财富。

这个想法涌现于我的脑海中。

我自己是找了好几位保姆后才终于遇到了一个合适的优秀人选，最后与对方合作养大了自己的儿子。戒尿布的训练和腮腺炎看医生等，也都是她帮忙处理的。

上了幼儿园后，我也对幼儿园老师们发自内心的体贴和照顾万分感激。副园长甚至曾经在忙于工作的我不知情的情况下及时带我儿子去看医生。

　　还有上了小学后的那些体操课及绘画课等儿童才艺课的老师，总是好心地帮我照顾儿子……我想，这些都不只是单纯的工作职责，当然也不是为了我，更不是为了我儿子。

　　我认为，原因在于，**大家都有"小孩要由大家共同培育和照顾"的想法。**

　　一边工作一边养小孩，似乎自己好厉害，但实际上，是很多人共同在帮忙照顾小孩。

　　所以，在这个过程中，我开始觉得，尽管很多人都说孩子是上天赐予的礼物，但其实，

孩子是社会暂时寄放在自己这里的东西。

　　我真是这么认为的。

　　因此，身为父母的人，有责任好好养育小孩，让他成为对社会有贡献的人。**对于小孩，父母亲并不拥有所有权，只有当仁不让的责任。**

　　如此想来，

我们每个人的才能也并不是个人的财富，
同样都是社会暂时寄放在自己这里的东西。

　　我也真心这么认为。

　　才能到底是来自遗传还是由环境所造就？对此，可谓众说纷纭，但无论是遗传还是环境，总是有的人有，有的人无。无

论如何，都是在本人不知情的状态下被寄放的，都是偶然的恩赐。

不过，是出生时偶然拥有超群出众的记忆力、偶然拥有格外出色的运动神经或是偶然出生在特别有钱的家庭，这些都不是这人的功劳。就和恰巧生来就特别漂亮的人一样，长得漂亮并不是本人的功劳。

此话一出，必定会引来反驳，说："但我很努力啊，一直都比别人更努力。"

那是理所当然的啊！
拥有优秀才能的人碰巧就有这个义务！

要知道，能够努力也是一种才能呢！
毕竟在这世上，想做却做不到的人可是一大堆呢！
说到这个，前几天我跟在我们公司出版处女作《平凡妈妈教出会念书的孩子》而出名的江藤真规女士接洽新书合作事宜时，她说："与其说是教出会念书的孩子，应该说是教出能够做到念书这件事的孩子。"

说到底，**把才能当成私有财产是一种傲慢。**
毕竟那只是恰巧被分配、寄放在个人身上的东西，所以我认为，碰巧被分配到才能的人不能只将之用于私人目的，必须要回馈给社会。

在几年前我这么想的时候，看到电视节目《白热教室》的迈克尔·桑德尔教授对哈佛的学生说，罗尔斯教授也说了同样的话，真是吓了一大跳。英雄所见略同嘛！

恰巧被分配和寄放在个人身上的才能，
尽管可能还未明显展示出来，
但我们都有义务加以培养和雕琢。
不只是为了自己，更是为了他人，为了社会。

这么一想，是不是浑身充满力量了呢?

第 10 章

个人成长

自我成长是结果，不是目的

——工作的目的在于真实感受到对别人有帮助

我不确定"自我成长"的说法是否会造成年轻人的不幸，不过，和"领导力""正向思维"一样，这话也是说起来漂亮，但若是过度强调，就总有些让人觉得哪里怪怪的。

的确，学会了昨天不会的技能、能够达到昨天无法达到的速度、了解昨天所不了解的事、知道昨天还不知道的世界……持续成长的真实感受是学习与工作的动力来源，也是乐趣所在。因此，**工作正是自我实现的场域**。而随着员工的成长，公司也会不断成长。

这么说来，工作就是为了实现自我成长吗？虽然这个说法有部分是正确的，但……突然之间，我忍不住犹豫起来。

至少，并不是每天工作时，都意识到了"自我成长"。

只是在短时间及长时间专注投入于达成工作目标和解决工作课题的过程中，某天突然被周围的人说了一句"您真的成长了呢"。我就是这样过来的。

另外，我也认为，过度强调"自我成长"属于前面提到的输入主义，有一种能量方向朝内的感觉。但工作毕竟不是学习，因此，能量的方向似乎应该朝外，那才算合理。

通过工作，我们确实有机会实现自我，但公司并不是为了**您的成长而存在的，其他员工也不是为了您的成长而存在的**。

虽然我自己每天会有好多次突然觉得"还好我当年有选择这份工作"，但都绝不是意识到了自己此时"有所成长"。

相反，主要是在注意到了其他人的成长时。说是员工的成长以及读者及作者还有书店那些合作伙伴等的成长，或许有人会觉得我有些狂妄，但其实就是得到别人感谢自己的那一刻，尤其是听到或看到那种因 Discover 21 出版的某本书而得救、人生有了改变、工作变得很充实之类的读者回馈意见时。

也就是说，我觉得"还好我当年选择了这份工作"的时候，**都真实感受到了自己通过工作而帮助到了别的人，为社会带来了些许附加的价值。**

我当年在第二家杂志社工作时，一度质疑自己为什么要做这种工作，对公司存在的意义和职业本身都失去了信心。据说，我当时脸色阴沉地走在街上，甚至让偶然遇见的友人都不由得担心起来，问我到底怎么了。

我那时负责的是流行时尚、手作、美容、室内设计，无论是哪一个主题，也无论有没有这本杂志，都不会对这个世界造成改变，也不会对任何人有什么帮助，因而让我很后悔离开之前供职的第一家公司。

我觉得自己能做的应该不止这些，当初根本就不该选什么心理系，应该去念法律系，立志当律师，甚至我还开始考虑自己或许还可以从头再来。

就在那个时期的某个早上，我一如既往地在车站等公交车，目光停留在一位职业女性身上，她正走向隔壁一家大企业的总部大楼。

不只是因为她充满了知性的美，还因为她身上那件外套太吸引人了。

　　大方的羊毛刺绣图案加上法兰绒的直线剪裁,这不正是不久前我负责的"手工时装"栏目所介绍的外套吗?!

　　她该不会是自己做了一件吧?只有法兰绒布料的灰色深浅不同,其他部分和杂志介绍的做法几乎一模一样。那件外套在早晨的商业区散发出耀眼的光芒。

　　就只是这么一件小事而已。明明就只是这样,我却像是摆脱了附身恶灵,重新获得了工作的动力。

　　前面说过,让我能够持续工作至今最主要的动力是"责任感"。不过我想,责任感的前提或许就是"对别人有所帮助"的真实感受与自信。若结果能获得某人的一句"干场女士也终于有所成长了呢",那将是最完美不过的了。

　　要知道,
　　自我成长不是目的,
　　结果才是。

过去也是能够改变的

——事实无法改变，但解释的方式可以改变

某天，很久没有看电视的我心血来潮打开电视，发现WOWOW 频道正在播放 2012 年的电影《全面回忆》，于是就看了起来（也看了阿诺德·施瓦辛格以前的电影，但我忘了片名）。

故事发生在不久以后的未来。

那时，"记忆"成了一种商品，人们可以购买记忆。

借由移植记忆的方式，人们能够改变自己的过去，也能够改变自己的人格。

姑且略过电影的细节无论，戏中以往任职政府机关的坏人头头，对试图恢复自己过去真实记忆的男主角说："过去全都是幻想，都是自己创造出来的幻梦。"

接着，我不确定他是否说了"正因为是幻想，所以能改变"。但我很确定他说过下面这句话：

"所以，过去毫无意义，重要的是现在。"

过去无法改变，但未来可以改变。现在的改变将决定着您是怎样的人。

这样的说法经常听到，正是所谓励志类书籍的金句。

现在才是重要的。

现在能够改变未来。

虽说我对这两点并无异议，不过就算不用什么未来的古怪装置，

过去也是能够改变的。通过现在就能改变。
因为过去（以及现在）全都只是"解释"罢了。
事实无法改变，但解释的方式可以改变。
毕竟我们所有人都是通过解释事实而活着的。

这一重大的领悟来自 Discover 21 （董事长，也可以说是我的人生导师）伊藤守先生。

之所以突然写到这个，主要是因为想到了之前也提到的自己在小学高年级时成绩单上总是写着"有些消极"那件事。

一直到中年级，老师给我的评语一向都是"积极、外向"。现在想想，大概是有了第二性征后，自我有所觉醒，亦即进入了所谓的青春期。而且，我想也不只是因为情窦初开，还要再加上记忆中妈妈说过"您不是很适合一个人隐居山林那种生活吗？"不像是开玩笑的评价，所以导致我的自我认知长期有偏差。

即使撇开这些因素，我以前模模糊糊地就是觉得自己的童年时期是灰色的，以音乐来比喻就是单调的、阴沉的。

为什么呢？是因为照片。以前的照片都是黑白的。

照片里的我总是一个人孤零零地站着。在公园或车站，在各个不同的地点，永远都是一个人（因为妹妹还没有出生）。

不可思议的是，不知为何，我一直都没有意识到还有替我拍照的人（不用说，当然是我的父母）在场，就这样长大成人。

其实，仔细一看便会发现，照片里的我虽然没有开怀大笑，但脸上确确实实带着微笑（是个不像小孩的小孩就是了）。

自从我注意到这点后，脑海里浮现的记忆都能够证明自己是由父母精心抚养长大的。

基本上，有一大堆在各式各样的地点一个人站着的照片，就表示有人带我去了那些地方。以当时父亲微薄的月薪来说，底片钱和洗照片的钱应该都不是什么"能够不当一回事"的支出，但爸妈在各处开心地为我拍照的样子，我是在自己有了孩子以后才终于明白的。

虽然有些跑题，不过，我还有一个相反的例子要和大家分享。

中学时代，我被誉为学校有史以来最出色的高材生（好啦，其实那间学校当时只有短短 7 年的历史），只要走进教师办公室，就连我不认识的老师都会对我行注目礼（在"我的记忆中"是这样的）。

实际上，从一年级到三年级，所有期中和期末总共 15 次的考试中，有 14 次我都是全年级第一名。只有一次考了第二名，而当时考第一名的那位男同学后来就转学去东京了！当然，毕业典礼那天，我是以毕业生代表的身份致词的。

后来，也就是几年前，我参加了首届非正式的中学同学聚会。

曾经担任我导师长达一整年的 Y 老师也在场。

谈笑间，依稀听得出他还记得几位学生，所以我理所当然

地觉得他一定也记得我……可是万万没想到，老师竟然完全不
记得我！什么情况嘛，连我这么优秀的学生都不记得！

　　真是令我饱受打击，身为该校有史以来最出色的高材生且
在老师们当中也深受好评的记忆，该不会是我个人的幻想吧？
难道是我记错了？可是中学时代明明就是我人生的高光时
刻啊！

　　唉呀呀～

　　不管怎样，过去也好，现在也罢，总之，解释、幻想、误
会，最好都朝着好的方向去想。只要不至于造成别人的困扰。

　　摆出阴沉的表情，说些悲观的话，其实只是一种防御性行
为。希望即使情况变糟也能说一声："果然，我早就知道了。"
希望可以不必受到伤害甚至暴击。

　　但像这样只是不断积累这种记忆，这样的人生真的好吗？
一旦发生不好的事，就尽情悲伤或用力苦恼，难道不香吗？

　　如果人生由"现在"的点滴积累而成，
　　那么，何必为了根本还没发生的"未来"，
　　而刻意把重要的当下给弄得阴沉晦暗呢？

　　即使"过去"全都被涂成黑色，那又有什么关系？！

　　因为就像黑白棋一样，
　　您可以一口气把它们全部变成白色。
　　是的，通过"现在"，就能做到。

幸福不是目的。蚱蜢真的不幸福吗?

——幸福不是"目的",而是一种"状态"

在前一节中,我如此表示:"一旦有不好的事情发生,就尽情悲伤或用力苦恼。如果人生由'现在'的点滴积累而成,那么,何必为了根本还没有发生的'未来',刻意把重要的当下给弄得阴沉晦暗呢?"

不过,这种生活方式难道不会显得太"蚱蜢化"!?

就像寓言故事里只享受"当下",不考虑明天,结果熬不过冬天就落魄而死的蚱蜢(这个故事虽然有各种不同的结局,但在最原始的版本中,蚂蚁只是很冷静地把蚱蜢给赶了出去)。

确实,当蚱蜢开心玩乐时,依旧在拼命工作的蚂蚁们想必不会有那种肚量或者说不太可能宽容大度到觉得"无法过冬的蚱蜢好可怜"而出手帮忙。

哪有人会这么好心!自己做的选择要"责任自负"!不工作者,不得食!

所以,大家都要为了明天而认真工作,要老老实实缴纳社保,以便老了以后安心地生活。这个寓言故事的目的是教导人们领悟到这个道理。

蚱蜢饿死了。哦不,在饿死之前应该已经先冻死了,再怎么说,蚱蜢毕竟是夏天的生物。但不管怎样,蚱蜢真的就比蚂蚁不幸吗?

有句话说得好："只要结果好，就一切都好。"

原来如此，尽管蚂蚁每天那么辛苦，但最后都有温暖的地方可以待着，不必挨饿受冻（但应该吃不饱，因为能囤积的粮食有限），可以安享天年，所以一切都好，是幸福的胜利组。

相比之下，那蚱蜢呢？

这阵子，我开始很在意蚱蜢。

我的大部分薪水一向都花在衣服上，所以等我意识到这一点的时候，才发现自己的墓地还没有买，养老院的入住费也还没有存够。简直就像是过着蚱蜢般的生活，现在终于到了差不多该担心的年龄。

可是……总之到时再说吧。我老公说："最好是在拉斯维加斯落魄而死。"若是这样的话，那我就出家好了（不过以这种理由出家应该不会被接受）。话虽如此，但不知怎的，我似乎就是没有认真思考过这种事情。

我都跟员工说："我是负面教材，您们别学我。"

就算我没这么说，他们个个都很认真踏实，没人想学我。只是，才进公司第二年，薪水只增加两三万日元就立志"要存更多钱"，这样做真的好吗？

前阵子，我开始注意到这样的年轻员工似乎越来越多。简直就是日本"失落的 20 年"的牺牲者。

每个月存 2 万日元，就算持续存 10 年，按几乎生不出任何利息的今天来说，也只能存到 240 万日元左右。与其如此，每个月把这 2 万日元花在培养某些技能上，不香吗？又或者，把这些钱花在享受只有现在才能做的事上，不是更棒吗？以我来说，就是花在流行服饰上，不过对工作也没啥帮助，就只是以投资为名的浪费罢了……

　　没错，就是要投资自己。

　　如果担心未来，
　　那就投资现在的自己。

　　节流不如开源，节俭储蓄不如多赚一些。
　　而且，这样的过程会更开心、愉快。

　　也就是说，
　　别把人生的目标设定成"得到"幸福。

　　因为既是"得到……"就表示现在还不是这样、现在还没
得到，对吧?
　　这样好吗?
　　明明都说了人生是每一个"当下"的积累。

　　幸福不是"目标"，而是一种"状态"。

　　我是这么认为的。
　　换而言之，

　　相比很久以后才"得到幸福"，
　　现在这一刻"处于幸福状态"更为重要，
　　不是吗?

　　幸好，**现在就获得幸福其实并没有那么难**。正如前面说过的，因为人生就是来自于您的"解释"。

　　因为我们的所见所闻以及我们的体验，都只限于对事实的解释，而非事实本身。

　　换句话说，就和大家常说的半杯水一样。觉得"只剩半杯"或"还有半杯"，不同的解释形成了不同的幸福感受。

　　顺道一提，如果蚂蚁型和蚱蜢型的人生只能二选一的话……我应该还是会选蚱蜢。

　　我知道，推动着世界并让世界进步的是蚂蚁型的人。我也知道，有些人总是使出浑身解数，在极大的身心压力下，每天与国外的企业搏斗，带领着国家前进。在这种状态下说什么"工作必须要乐在其中"，这像话吗？

　　但我要反驳的是，即使我落魄而死，也别就此断定我的人生不幸福！

　　若能获得"那家伙虽然对 GDP 没啥贡献，但还是挺有意思，让人很开心的"之类的评价，对我来说就是最好的赞美！另外补充说一句，要是还有人称赞"而且很漂亮"的话，我真的死而无憾！唉，不对啊，那时我已经死了，现在讲的是身后的事呢！

　　只要结果好，就一切都好。没错，若是过去一直过得艰辛，但晚年却很幸福快乐，当然很棒。

　　但是，若只是因为自己认真饲养的爱犬在安享天年之前离世而感到悲伤不已，就否定它活着时的那些幸福日子，就很糟糕了。不管现在多么痛苦，过去的日子总是值得感恩的。

只要过程好，
就一切都好。

我会这么想。
我会对现在觉得悲伤的人这么说。

讲一个题外话。我在网上看到一篇批判性文章，说"在女性结婚的新闻中，经常可见'她抓住了幸福'这样的惯用句，对男性却不使用这样的说法。这算不算是一种不合时宜的表达方式呢？"

的确，就在不久前，对女性而言，结婚还代表着此后生活有了保障，可以安心地养儿育女。这应该就是过去所谓的"幸福"吧。

而且，使用这种措辞的肯定是男人，很可能只是在确认自己可以是女性获得幸福感谢的对象。

那么，现在呢？

以我们公司的员工来说，感觉结了婚并实际觉得自己"抓住了幸福"而且从旁人看来也确实如此的，反而都是男性呢！

人无法只为了自己而全力以赴

——若有人能让您觉得"我要为他（她）努力"，
那么说明您很幸运

前面提过，我的工作动力来源于"对某人有帮助"的真实感受，而我是在创立 Discover 21 的第 4 年，才深刻体会到这一点的。

那时，我们终于开始出版直销到书店的书，就在第三部作品《我想传达这样的感受》大卖（尽管当时铺货的书店不过 400 家左右，相当有限，但追加订单的电话可是让我们每天接到手软呢），就在我终于有信心能真正经营这家出版社并描绘进入 21 世纪那年（因为是 Discover 21）完成营业额 10 亿日元的愿景（后来确实也实现了！）的时候。

那时，包括我在内的 5 个人中，竟然有 3 个人同时表示要离职！

每个人离职的理由各不相同，虽说当时辞职的三人中有两人至今和我还有往来，大家并没有闹翻，但当时就连我都认输了，总之只能说我领导无方。

毕竟是个只有 5 名员工的小公司，所以我也实在算不上什么真正的社长。但我自认为大家很努力地工作过。如果只是为了自己，那么，我可以回到女性杂志领域，至少薪水还比较高，又可以每天都过得光鲜亮丽。我明明是为了大家，但事已至此……

或许我该辞掉这份工作，反正我婚也结了，又没有房贷要还，生活无忧。

三名员工连续提出离职申请后，我跑去问到现在已经是编辑部主管(堪称我最佳左右手)的藤田。

"您呢？您打算怎么办？"

当时，我们的办公室在原宿，那是一栋很小的两层木制建筑（由于正值泡沫经济全盛时期，即使是这样的建筑物，每坪租金也比今天的平河町森大厦要高），一楼的起居室兼厨房被用作仓库，出货也都由我们自己一手操办（因为采取直销，所以商品，亦即书籍，由我们自己按订单送到每家书店）。而担任编辑兼业务员兼书籍制作还兼任出货工作的东工实习生藤田听了我这句话，停下手边退还书籍的封面更换工作，一边怜惜地摸着书，一边回答："就算只剩下您我两个人，我也想继续像这样摸着书。我想要坚持下去。"

在听到这个回答的瞬间，我就像被雷击中了一样，充满了能量，涌起勇气与斗志。于是，我发誓："为了这个人，我也要再努力试试。"

人无法只为了自己而拼命。
若是为了别的人，反而更能发挥难以置信的力量。

就在那一刻，我第一次真切感受到这个道理。

现在想想，所谓"为了他"，或许也只是给自己找个借口，为了让自己可以为某人而努力罢了。其实这一路走来，我并没有特别想着自己是为了藤田而努力。

但若是真的**有个人能让您觉得"我要为他（她）而努力"**，那么说明**您很幸运**。

若这份工作有益于某人，就算单打独斗，您也能拼得下去。拥有这种工作的人是幸福的。

我总会把自己喜欢的名言打印出来，装饰在自己的房间里。

一个人做的梦，就只是个梦，
一群人怀有的共同梦想，才可能成为现实。

这是小野洋子的话，只不过英文原文用的是"together"，而不是"一群人"。

实际上，Discover 21 就是这样，一群人一起走到了今天。

时而狂奔疾行，时而悠闲慢行。

今后，也将继续往前迈进。

同场加映

改变观点，改变明天

——DIS＋COVER，除去遮盖物，便能开拓新视野，世界于是因此而改变

Discover 21，这个公司名称本身就是我们的编辑方向和营销方针，也是员工的行为准则，亦即 Discover 一词的词源，Dis+Cover，"除去遮盖物"之意！

那么，为了除去遮盖物，该怎么做呢？那就是改变观点。

如此便揭示出下一句口号，而且不止如此，这似乎早就已经广泛渗透到员工及读者之中。

改变观点，改变明天。

事实固然不会改变，但借由改变观点，世界便会随之而改变。

例如，您看到的是苹果掉落或是被地球吸引，又如您的认知是太阳在转或是地球在转，这些都使之后的科学发展以及我们的生活变得不同。

几乎所有科学上的发现，都像这样，通过新的观点才能有所进展，而这个道理也适用于自己与某人的关系。在某一刻，看到了对方完全不同于以往的一面，于是对这个人的看法便有所改变，两人的关系也因而产生变化，我想，这类情况可以说是相当常见的。

每个人对自我的认知也如此。

正如之前提过的，通过不同的方式（亦即观点）解释过往的事件，无论现在还是过去，都会随之改变。接着，明天就会改变。

而随着我们的明天有所改变，
组织的明天便会改变，社会的明天便会改变。

那么，如何改变观点呢？
最后就来谈谈**我自己是如何改变观点的。**

❶ 在不具有任何成见的领域做事

首先，既然说是改变，就表示现在有老的观点。
就是一般所谓"以往的常识、想法、惯例、前提、成见"等。无论是成功解出了数学题、新产品的策划诞生，还是想出了划时代的宣传语，都是通过改变观点的方式来突破框架的。
在这之中，是否存在着什么共通条件？
是否存在着可复制的技术呢？

Discover 21 以不通过经销商而是直接与书店交易的方式而闻名，因此经常有媒体前来采访。

　　——贵公司真是有先见之明！怎么想到要采取直销（寄售）方式的呢？

其实，这根本不是什么先见之明。因为要让书籍在书店上架，**就只能用这个办法。**若是在有大型出版社人脉的状态下独立创业，那应该没问题，但对没有门路且也无过往业绩的新兴出版社，经销商根本不会理睬他们出版的书籍。所以，只能逐一拜托每家书店："您只需要支付已售图书的费用。我们每个月都会来清点。"

到了这几年，大家才开始重新考虑直销的做法，在此之前，这在出版界算是邪门歪道，根本不会被当成一回事。

尽管如此，一些历史悠久的大型连锁书店及地区性的知名连锁书店等，基于重视出版多样性的原则，也因为以文化引领者自居，再加上人力和基础设施也都有一定程度的完整性，所以很快就让我们的书上架了。

但其他书店就没有那么容易搞定了。

由于直销的请款单、退书等都必须与经销商分开处理，因此绝大多数人手不足的书店肯定是不欢迎这种方式的。

现在，我们之所以能与以主要书店为中心、约半数的数千家书店直销，我认为全都归功于业务员的热情与努力以及各家书店店员的支持，还有当初极具独特性的书籍产品。

在最初的几年，我们出版过所谓 CD 大小（128 mm × 148 mm）的书。

实际上，在我们出版的上百种隐形畅销书中，主要包括以日本企业教练界第一人伊藤守先生的金句汇编、以"爱读者卡"收集而来的读者投稿所集结而成（当时还没有网络也没有手机）的书籍。基本上都以小尺寸、少文字、柔和的插图及实物大小的照片等为特色，累计销量多达数百万册。

此外，苦于内容不足而由我自行撰写并以自己名字出版了两三本书。前几天，我在名古屋遇见一位年轻的女性企业家，她将其中一本现已绝版的《可爱的我》库存抢购一空并拿来分送给亲朋好友，这真的让我非常感动！

当时针对书店，我们用的宣传语是"Discover 21 把以往从未到过书店的年轻女性带进书店"。

辣妹风格的女高中生和裤子垂到大腿附近的男高中生这样的情侣在书店柜台端详着我们的 CD 尺寸书说："这个，很赞耶！"看到此情此景，着实让我感动不已。

在那个没有网络的时代，CD 尺寸的书成了大家表达与共享爱、恋情、勇气、友谊、感谢和悲伤等情怀的载体。

随着网络开始普及，CD 尺寸的书便功成身退，但无论如何，这都是替 Discover 21 打下基础的系列产品。而这部分，后来也成为受访时经常被问到的主题之一。

——能够想到 CD 尺寸的书，这种点子真是很厉害耶！

但这其实也不是什么厉害的点子。刚创业时，没有门路的并非只有销售渠道，就连负责装帧设计的美编也找不到。

惟一的设计师，是当时一位员工的朋友。

当我们把版面都是留白且几乎没什么文字的图书原稿（那时美国的礼品书市场已经有许多这样的图书产品）交给她时，得到的便是 CD 尺寸的设计。毕竟，她本来就是设计 CD 封套的！

结果，当业务员把产品带去书店推销时，据说还被冷然回绝"尺寸不同，无法上架"。书籍是有既定尺寸的，以日本来说，常见的包括四六版（188 mm×127 mm）、小 B6 版（170 mm×128 mm）、文库版（148 mm×105 mm）、新书版（182 mm×103 mm）等，而我们 CD 尺寸大小的书根本不符合上述任何一种规格。

　　说来丢人，当过杂志编辑的我，是在那时才第一次知道什么叫"四六版"。换句话说，CD尺寸的书之所以会诞生，只是因为我当时并不知道书籍有既定的尺寸。

　　而且不只是我，那个员工和他的设计师朋友也都不知道！别说什么突破框架、除去遮盖物了，**其实就只是本来就没有框架，也没有遮盖物。**

　　另外补充一下，CD大小的书这样大量留白的内容形式，也曾经是被拒绝上架的理由。据说还被撂下一句话："这算是哪门子的书啊！"若是现在，业务人员大概会反映说产品请配合市场来设计。当时对我完全信任的业务经理小田也只回应了一句："我会在书店上架这本书，好让读者们看到。"至今，这句话仍然让我感激不尽。

　　至于我为什么会想到要出版这种内容的书呢？理由都是一样的。

　　曾经是杂志编辑的我，并不知道日本的书店不喜欢这样的书。

　　之所以会以读者投稿的方式出版几十本书，也只是因为没有作者愿意替我们这么小的出版社写书。但今非昔比，进入21世纪后，我们的非小说类作家几乎都是非常厉害或相当有名的人。

　　还有，后来也开始有人说我"擅长挖掘经管商业类书籍的新人作家"，但我并没有特别擅长，只是因为**当初就只能这样**罢了。

所谓从零开始创立出版社，就是指从什么门路都没有的地方开始，没有书店渠道，没有作者，没有设计师，也没有印刷厂。

所以，虽然我啰啰嗦嗦地讲了一大堆，但总而言之，

改变观点的第一个方法是，
在不具有任何成见的领域做事。

唉呀呀～说得这么直接，真的很抱歉，但就像所谓的职业经理人可以做食品公司的 CEO，也可以做计算机公司的 CEO。虽然了解经营管理的本质，但对该行业的常识与细节几乎一无所知的状态，想必也能成为一种优势。

❷ 质疑的前提

"可是，我已经很了解现在的工作了……"这个时候该怎么办呢？还有别的方法。

改变观点的第二个方法是，质疑前提。
初衷到底是什么？
是要回归原始目的。

若某本书的目的是要赋予读者踏出第一步的勇气，那么，并不是只有伟大的心理学家写的那些密密麻麻的书，才能达成该目的。

采取漫画形式或许不错，用轻小说来表达应该也可以。甚至 CD 尺寸的书那样大片留白与触感舒适的纸张，再加上让人

心灵平静的封面插图等整体设计，也可以达成目的。

对所谓"书就是这样的东西"等前提、惯例和常识提出质疑，暂且回到白纸状态，回归原始目的。然后，列出所有可能的选项，再尽量从中选出现在做得到、但以往从未有过的形式。

在作者方面，与其找已有完整作品的人，我更偏好"发掘"在某领域极为专业但在出版界还没有什么名气的人。对 Discover 21 来说，不是只有这个办法，因为在实际的内容制作上，这样才能充分发挥外行人在书籍制作方面的优势，才更有可能与我们一同挑战刚刚所说的那种全新冒险，即从以往不曾有过的切入点创造前所未有的新型态图书。

补充

另外，关于"尺寸不同就不行"这个观点，若是"因为太大，所以放不进书架"还可以理解。我一直以为尺寸比一般小应该不会有问题，但后来才知道，似乎是因为与经销商送来的纸箱规格不符，因为既非四六版，也非文库版。但我们是直销，所以会放进专用的纸箱送货上门……啊哈！

再补充

做 CD 尺寸的书大约两年后，虽然销量还是很好，但考虑到若只是利用这个形式，点子终究会被耗尽，于是，我们决定试着以"正常尺寸"来发挥各种巧思。

但万万没想到，之前那么抗拒，说什么"CD 尺寸的书无法上架"的书店，这会儿竟然说"如果不是 CD 尺寸的书，我们无法上架！"

令人不由得感慨，人类真是在任何方面都讨厌改变、无论如何就是不喜欢变化，基本上都是以经验主义的方式来行事。

虽然 CD 尺寸的书一开始遭到强烈的抗拒，但在两年后，却有许多书店争相表示"我们也想卖 CD 尺寸的书，我们想跟 Discover 21 做生意"。

这一切都要归功于每个月期待着新书上架的读者们！

❸ 逆向操作、反叛、反骨

改变观点的第二个方法就是质疑前提，回归原始目的。第一个方法则是在不具任何成见的领域做事！

第三个方法我拿不准是否正确，但我一向都这么做（也做了好多年），那就是——

逆向操作！
朝着现在流行的、大家都在做的、大家都在想的反方向前进。

其实"逆向"一词用得算是比较含蓄。

说"反叛"或许更为精准。

不过，这也可能是我自己的问题，毕竟我成长于"反对美日安保条约！反对日本军国主义！反对越战！反对制服！"等什么都反对的"反体制为青春时髦之证明"时代，而且从小就很叛逆（对母亲而言）……又或者说反骨精神比较酷？

就目前的情况而言，针对普罗大众的观点来提供"不，等等，或许不是这样"的异见，并借此获得新发展，这样的方式并不少见。

　　至少在属于"中间媒体"的图书世界里（毕竟就绝大多数书籍的第 1 版都只有几千本销量便不再重印的现状而言，实在很难称得上是大众媒体，对吧？），把容易被主流所淹没的少数派意见捞起来，也是一大主要的功能。

　　在电视的世界里，即使有 100 万人收看仍算是低收视率，但如果是书籍的话，各家出版社都是运营几十年之后才有一本百万级的畅销书。就连报纸杂志都看不上眼的 5 万本这种销量，对于稍微艰涩一点的书来说，便已是畅销书级别。

　　如果书的内容实际上反映了数百万人的潜在想法"欸？这好像怪怪的喔！"，揭露了尚未浮出水面的社会议题，那么它对社会造成的影响，也绝对是销量的好几倍以上。因为它确实会影响到那些人。

　　有鉴于书的影响力，我也不是什么都反对。

　　例如，能否因为对医师及癌症治疗有诸多埋怨或充满不信任感，便出书否定所有的治疗，这也取决于出版方是否赞同那样的意见。

　　安倍刚上任时，我就对他推动的通货再膨胀运动持怀疑态度，觉得"等等？这是惟一的答案吗？"虽然只是一种直觉，但我就是想反对。

　　在那样的情况下，我刚好收到小幡绩教授所写的《通货再膨胀很危险》一书的草稿，于是便立刻决定出版。对于他的言论，有人赞同，也有人反对，但我认为，这种问题就应该掀起更广泛的讨论。

　　除了政治思想外，在超短裙的全盛时期勇敢穿长裙，在黑色很流行的时候选择柔和的中性色彩，在木村拓哉特别红的时候选择香取慎吾（不好意思，我举的例子都很旧，很过时），**试着刻意站在与大多数意见相反的立场思考，这正是思考策划案的诀窍之一。**

重点不在于提出什么，而是在于不提出什么？
重点不在于说什么，而是在于不说什么？

——还有，重点不在于做什么，而是在于不做什么。
一个人的美学就显现于此

那么，接下来如何判断策划与解决方案以及创意构想呢？又或者该采用多个方案中的哪一个呢？虽说这与个人及组织的使命有关，但我总希望它是尽可能"美"的那一个。

这里所谓的美，并不是指艺术上的美。当然，设计上的美确实也很重要，不过，更重要的是道德之美。

用现在流行的话来说，就是合乎道德、合乎规范、举止文明、符合生态、永续的。

就人的行为而言，是否美？
就公司的状态而言，是否美？
就自然界的事物而言，是否美？

为了赚 PV（页面点击量）和提高收益，即使方法上逻辑正确，也不该把攸关人命安危的信息当成商品，也不该以低薪雇用外国童工为前提来给商品定价。延续会对环境造成负担和会剥削环境的商业模式也不美。

就公司的状态而言，就人的行为而言，这些都不美。

经营者必须觉得，让员工做那样的工作，真的是非常令人不耻。

窃取别人的点子或同事的业绩，并不美。

一天到晚在公司里搞政治，也不美。

因嫉妒而说同事的坏话，用谎言来掩盖失败，都不美。

一再重复这些行为的人所积累出来的面部表情，真的，很不美。

还有，任由自己发胖、肮脏邋遢、完全不在意穿着打扮等，当然也都不美。

最后，再让我和各位分享一下为了实现工作之美，我个人最重视的关键秘诀。

那就是

重点不在于提出什么，而是在于不提出什么。

重点不在于说什么，而是在于不说什么。

以我的例子来说，所谓的"什么"，就是"什么书"。

话说得再漂亮，若是出了内容与之矛盾的书，即使只出一本，依旧会让一切毁于一旦。

即使日常的发言总是冠冕堂皇，也可能因为社交网站上一句无心的话而意外暴露心声。

我们总是把注意力聚焦于要做什么以及要说什么，但到头来，**不说什么才能够真正代表一个人，而我们也应该依此来判断对方。**

重点不在于说什么，而是在于不说什么。
重点不在于做什么，而是在于不做什么。

一个人的美学就显现于此。
然后，

如果不美，那就不是工作了。

结　语

　　本书的英文书名是"No work，No Fun"（不工作就没有乐趣）。若是把日文书名直接翻成英文，应该是"No Fun，No work"，但本书却刻意把英文倒过来，这个点子是编辑中里先生想到的。

　　确实，我想通过这本书传达的而且也是我自己实行了大半辈子的，正是"通过工作来享受人生"的道理。

　　在"前言"中曾经提到，我差不多是把 Discover 21 从 0 做到 1，再从 1 做到了 10。

　　虽说从 10 到 100 的部分，我想交给接下来的人，不过我自己的"No work，No Fun"还会持续下去。为了能够持续下去，亦即为了能够继续为社会带来附加价值，我希望与各位一同努力。

　　最后，本书之所以能够问世，要归功于东洋经济新报社出版局第三编辑部的主编中里有吾先生以及董事山崎豪敏先生。在此，我要向他们两位致以最诚挚的谢意。

　　几年前，他们初次联系我时，中里先生还是一位年轻的编辑，而山崎先生是社长。

　　应该是听了年轻的中里先生的意见，我收到了山崎先生热情洋溢的来信。那是一封简直如同情书一样的约稿信。由于我自己从未写过那样的约稿信（当然，我们编辑部也没这样写过），所以我就把信件的内容分享给所有编辑部同仁，大家都从中学到了很多。

　　然而，在我的撰稿工作迟迟未有进展的过程中，中里先生成了主编，山崎先生则成了董事。就在我觉得干场这号人物恐怕都已经过气时，一迈入 2019 年，我却突然有了许多想法，于是便自顾自地一口气把它给写完了。

虽然写完了很好，但面对的毕竟是了解情况的同业人士，是平常对别人的稿子指指点点、品头论足的人，因此，我变得很怯懦，很不自信（现在还这样），对于这样的我，中里先生给予了极大的鼓励。而且，之后他谨慎周到的工作态度也让我学到了很多。真的非常感谢他。

本书包含我平常在演讲及受访、公司说明会、内部读书会等场合所讨论的东西，不过，这样统整下来，发现其基础逻辑都是一致的，这主要得归功于伊藤守先生给予我的教导。伊藤先生给了我 Discover 21 这个舞台、这个机会，他这个董事长，率先正式将企业教练引进日本，是 COACH A 公司创始人和日本首屈一指的高管教练。对此，我要再度向他表达我发自内心的感激与喜悦。

本书英文书名虽为 "No Work，No Fun"，但在认识伊藤先生后，我的第一个领悟其实是 "人生嘛，开心就好"！

我自认在那之前的人生算是相当顺利，但总觉得 "如果很开心就惨了，就不会成长了"，因此，老是勉强自己摆出一副精明干练的样子（也就是似乎不太开心的样子）。

不只是工作，我之所以成为今天的我，都要归功于伊藤先生。所以，我要借此机会向他再度表示我诚挚的谢意。

当然，还要感谢从创业开始就参与至今并付出了许多人生时光的各位员工。我真的很想一一列出每个人的名字，但苦于篇幅所限，所以请允许我就此打住。

还有，包括各个书店的合作伙伴、作者、负责本书设计工作的井上新八先生等一直对我照顾有加的所有人，更重要的是支持 Discover 21 的读者们，我打心眼儿里感谢各位。

最后，当然更要感谢阅读了本书的各位读者朋友！非常谢谢大家。

若能让您有些许不枉一读的感觉，若能让各位产生某些变化或能够引发任何一丁点儿的全新行动，那么身为作者的我，无疑会开心到"飞起"！

若是您有任何意见和感想，还请不吝与我分享。

干场弓子

2019 年秋

出版后记

亲爱的你，如果一时间还没有自己真正喜欢的工作或梦想，

那又有什么关系，呼气，吸气，吐纳自如，

说不定一样可以锚定幸福的终点。

享受当下空杯的自己，同时再稍稍迈出一小步，

若步履不停，行动自然可以带来思考，

沿途的经历和过程，一样可以如同荒漠甘泉。

"等到合适的时候再干？"

打住！与其自个儿"找到我喜欢的"，

不如找到希望你能尝试做的，

向"总是在等待合适"的自己说一声"再见"。

聚焦于眼前，也可以发现足以激发你热情的宝藏。

理由不必太多。很多时候，

"干着，干着，说不定就对了……"

享受当下，是一种可以习得的能力，

一种可以通过转变观点来习得并完全掌握的能力。

扫码加入读者交流群

IKIGAI (生き甲斐)
表示"存在的理由"

您喜爱的技能，知识和活动，您擅长的，可以得到报酬的以及世界需要的技能，知识和活动之间的完美平衡

今天找到你真正的目的
ikigaitest.com/zh

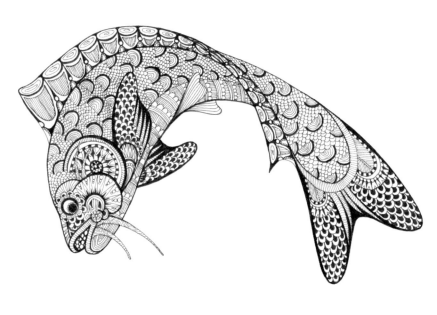

花卉一半成品

花卉-成品

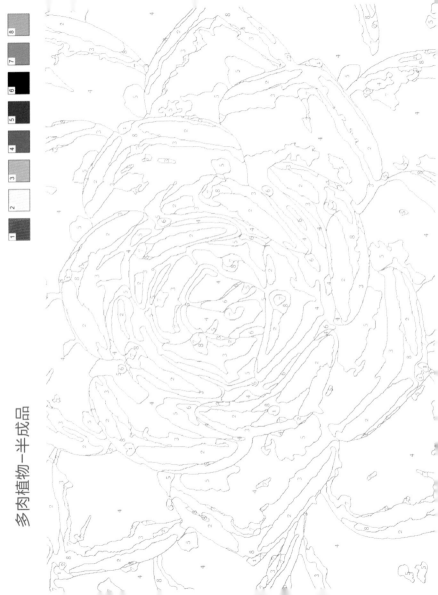

多肉植物—半成品

多肉植物-成品

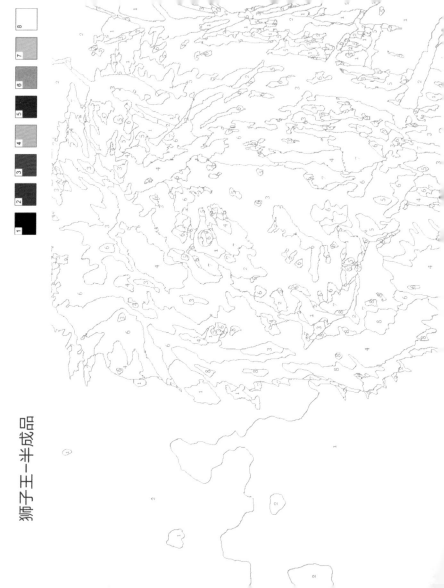

狮子王—未成品

狮子王-成品

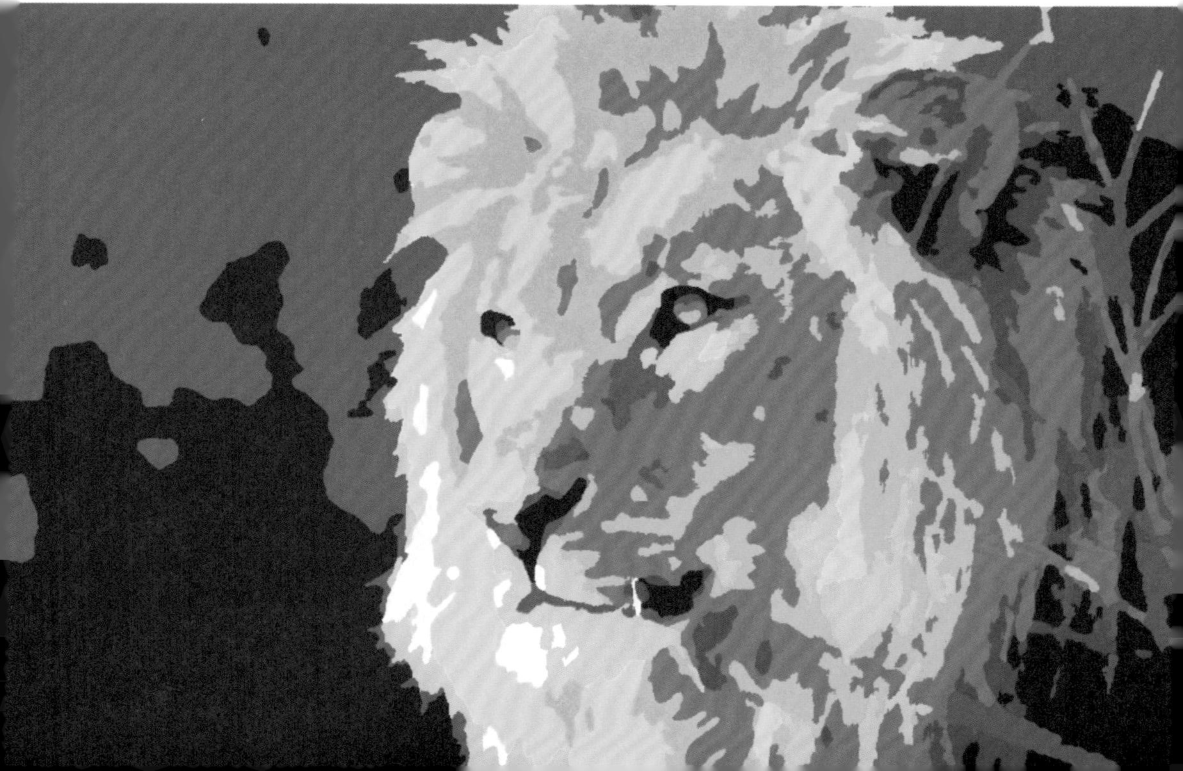